錢穆先生全集

「新校本」

中國學術思想史論叢（十）

九州出版社

圖書在版編目（CIP）數據

中國學術思想史論叢 .10 / 錢穆著 . -- 北京：九州出版社，2011.5（2020.12 重印）
（錢穆先生全集）
ISBN 978-7-5108-0894-4

Ⅰ.① 中… Ⅱ.① 錢… Ⅲ.① 學術思想－思想史－研究－中國 Ⅳ.①B2

中國版本圖書館 CIP 數據核字（2011）第 046741 號

中國學術思想史論叢（十）

作　　者　錢　穆　著
責任編輯　周敏浩　虞　婕
出版發行　九州出版社
裝幀設計　陸智昌　張萬興
地　　址　北京市西城區阜外大街甲 35 號
郵　　編　100037
發行電話　（010）68992190/3/5/6
網　　址　www.jiuzhoupress.com
印　　刷　三河市東方印刷有限公司
開　　本　635 毫米 × 970 毫米　16 開
插頁印張　0.25
印　　張　13.75
字　　數　140 千字
版　　次　2011 年 5 月第 1 版
印　　次　2020 年 12 月第 3 次印刷
書　　號　ISBN 978-7-5108-0894-4
定　　價　498.00 元（全十冊）

目次

一　孫中山先生之人與學……一
二　孫中山先生一一六年誕辰紀念辭……九
三　中山先生之三民主義與民族文化……一七
四　孫中山先生誕辰談中華文化復興……二五
五　蔣先生七十壽言……三三
六　蔣公八秩華誕祝壽文……三五
七　一位高瞻遠矚的政治家……三九
八　蔣公大壽祝辭……五五
九　蔣公與中國文化……六一

〔附〕 屢蒙蔣公召見之回憶……六九
一〇 蔣公奉安誄辭……七九
一一 蔣公的哲學思想第一講……八三
一二 蔣公的哲學思想第二講……九五
一三 故總統蔣公逝世三周年追思……一〇三
一四 蔣故總統與中華民國——蔣故總統之政治事業……一〇九
〔附〕 致中央日報函……一一八
一五 蔣公逝世七週年紀念辭……一二三
一六 先總統蔣公九六誕辰獻辭……一二九
一七 存在決定意識……一三七
一八 半世紀之中國……一四三
一九 火珠林占易卜國事……一四九
二〇 再記火珠林占易卜國事……一五九
二一 七十年後之新形勢……一七三
二二 大陸往那裡去……一八五

二三　論政治思想與文化傳統的關係——答香港明報月刊問……一九一
二四　丙寅新春看時局——答聯合月刊問……一九七
二五　三民主義統一中國之我見……二〇七

孫中山先生之人與學

一

中國文化傳統最主要精神，在講求如何做人。

一切做人，必從「學」中講求，沒有不學能成人的。

中國傳統講做人，必要在「團體社會」中做人，必要在「人羣」中做人。不能脫離團體與社會，超出人羣，來獨自做一人。

孔子提出做人的兩項目標：一曰「立」，一曰「達」。

論語曰：「仁者，己欲立而立人，己欲達而達人。」「仁」即是孔子講的做人道理。「立」是站定腳跟，立得起，能在人羣中自己站立起來做個人。「達」是邁開腳步，能在人羣中走得開，行得通。

孔子最看不起「鄉愿」。

孔子說：「鄉愿，德之賊也。過我門，而不入我室，我不憾焉者，其惟鄉愿乎！」鄉愿只求追隨風氣，討好別人，跟在人背後。自己無個性，無獨立人格，不能自做人。而一鄉皆稱他爲愿人，即如今說「老好人」。他好像行得通，其實是尚未能站起，尚不能單獨算個人，根本說不上有什麼是他的行爲。

說到「立」，中國傳統有三要項：一曰「立德」，二曰「立功」，三曰「立言」。所立之「德」與「功」與「言」，則存在流行於社會上、人羣中。社會人羣大生命不滅，斯其個人之自然生命雖隨百年之壽以俱盡，而其人格精神與其生命功能則亦永存而不滅。

中國古人稱之爲「三不朽」。

就臺灣來說，吳鳳是立德，鄭成功是立功。此兩人，至少在臺灣一地上，可以永不朽。

現在說到孫中山先生。

創建民國，是其立功的不朽。

爲大局着想，期求全國一致來和平解決問題，從其臨時大總統位上，讓給袁世凱來當民國的第一任大總統，是其立德之不朽。

在中國歷史上，改朝換代，理想的政治領袖，有兩途可循：一曰湯、武革命，一曰堯、舜禪讓。孫先生以一人兼此兩途，可謂史無前例。

若說此事錯了，只錯在袁世凱，乃及其他當時有關人，卻不錯在孫先生。

孫先生之「三民主義」與其「五權憲法」之創立，是其立言之不朽。

立言有三階段：一是由他來創立一說。二是他所創立，能獲當時其他人信從。三是即在其身後，百年、千年，乃至更久，其所立說仍能屹然存在。

近百年來的中國人，大多數一意崇洋，在他的精神上、心理上，根本不能立，亦不想立。他們亦多能說，但只是揣摩風氣，譁眾取寵，拾人牙慧，作應聲蟲。百年來亦爲說多變，但只是跟人背後隨聲附和。由孔子看來，此輩只是「洋鄉愿」。

要不違背自己民族舊傳統，纔能立。要不違背當前時代新潮流，纔能達。能把新時代與舊傳統相配合，此是中山先生立言不朽之所在。

只有孫中山先生，是近代一百年來，在中國的新時代裏，能作爲一個舊傳統之代表人物之惟一最傑出榜樣。

二

其次說到孫先生之「學」。

中國文化傳統裏的主要精神，在叫人人學做人。因此中國人講的做人道理，應該要使人人能學。

主要不僅幼年在家庭，中年以前在學校；更主要的，是中年以後，在社會人羣中做人，尤應隨時隨地隨事有學，因此主要在「自學」。

中山先生的學校教育，也只是知識技能，在洋學校學做一醫師。中山先生之爲人之學，立德、立功、立言那一番博大精深之學，則只在中山先生脫離學校以後那一番不斷的自學精神中。

今天我們如何來學中山先生，即是如何來做當前一個像樣的中國人，如何在當前時代新潮流中自立起來，做一個代表中國文化傳統的，不失舊意味、舊格調的新中國人。

我們不是慕中山先生之「名」，乃是要學中山先生之「實」。乃是要在各人人格上，做一個無名的孫中山。就各人自己的身分和地位，來建立各人的人格，來各自立德、立功、立言，求各自在人羣中站得起，立得定，邁得開步，行得通。

「名」只是一榜樣，「學」則貴各人自己努力。

在六十三年前，所以能有一個中華民國之成立；此非中山先生一人之力。革命先烈，乃至千千萬萬，各色人等，在此六十三年之千辛萬苦中，參加各項保國衛國的，他們各有一番人格精神，各有一番生命功能，各有其一分立德、立功、立言之眞實不朽之存在。

三

中山先生常以禮運篇「天下爲公」四字昭示我們。「爲公」與「爲私」，是分别人生一大鴻溝。中山先生與袁世凱，站在此鴻溝之兩邊。凡屬爲公的，是在中山先生一邊；凡屬爲私的，是在袁世凱一邊。

制行不爲私，即已是立德。做事不爲私，即已是立功。發言不爲私，即已是立言。立德、立功、立言，所爭亦在「實」，不在「名」。

只要爲私，其人决不能立，袁世凱是其例。只要爲公，其人决然不朽，中山先生是其例。各自的人生有不朽，斯乃其大羣能不朽。

换言之，其大羣能不朽，斯乃其羣中所屬之各個人，乃至其各個人之子子孫孫，亦各能緜延不絕，各自有不朽。

中山先生又說：「革命先在革心。」爲公心與爲私心，只在每一人一念之間。公則能立、能達，私則站不起，邁不開。只在各人先革自己的命，先革自己的心，擺脱私一邊，走向公一邊，便是新生命開始。

不爭有名與無名，只爭算得一人與算不得一人。只要眞算得是一人，便有他的德與功與言可立。便能各自有不朽。只要算不得是一人，一切倒了，行屍走肉，連影子也不如。袁世凱又何嘗無名？可見名不足恃，名無可好。

今天我們得自問：我們崇拜孫先生，還是慕其名，抑是愛其實？果愛其實，則即在各人自己身上，每一人各有其人格精神與其生命功能，各可以不朽；孫先生只是一榜樣。讓我們各自能立、能達，能做一個像樣的中國人，使我中華民族與國家能屹立常存在天壤間。

四

今逢孫先生誕辰，讓我們各自學他榜樣，革心爲公，欲立欲達。「爲仁由己」，只在我此一「己」，只在我此一己之一念間，不斷自學，能立能達，使我亦堂堂地做一人，做一堂堂地像樣的中國人。此始是孫先生之不朽，亦是我們每一人之不朽。若是我們每一人都朽了，孫先生也終是朽了，連孔子也朽了，連中華民族大羣也會朽。

孔子、孫先生做人，是在中華民族大羣中做。孔子、孫先生不朽，也在此民族大羣中不朽。讓我們今天以此來紀念孫先生。

（一九七四年十一月十二日聯合報，原題孫中山先生之人與事，本題爲作者後改。）

孫中山先生一一六年誕辰紀念辭

一

今天是中山先生一百十六年的誕辰紀念日。中山先生承繼中國文化大傳統，爲近代傑出一偉人，而決非宣揚西化者。吾國人紀念中山先生，此爲首當明辨一大事。

中國文化傳統重道義，不重功利。認爲一切功利應盡在道義中。西方文化傳統重功利，不重道義。只求達成功利，即是道義。此兩者間之是非得失，即就雙方歷史而可判。

中國自犧、農、黃帝以來，即爲一廣土眾民大一統的民族國家，緜延擴大，迄於今五千年。西方自希臘、羅馬、中古堡壘貴族，以至現代國家之出現，遞興遞滅，分裂相爭，直至最近第一次、第二次世界大戰爭而衰象又現。美、蘇繼起，而全歐洲仍是數十國並立。蘇維埃大敵在前，而西歐則僅成一經濟同盟，難可抗禦。美、蘇第三次大戰是否能免，尚無把握。原子彈、化學毒氣一旦戰起，可使斯民無噍類。往事昭然，雙方文化之優劣高下，亦可不煩言而知矣。

中山先生爲近代人，亦非頑固自閉，不知吸納西化以資因應。唱導革命，主要排除滿清異族政權，以光復我民族國家之舊傳統。故辛亥起義不數月，即願辭去臨時大總統位，讓之袁世凱出任民國第一任正式大總統，惟求宣統退位爲條件，以免國家陷入長期戰亂中。中山先生此舉，實兼「湯、武征誅」、「堯、舜禪讓」於一身，可謂是中國文化光輝，非西方革命所能有。

當時中山先生意，退出政壇，即欲率其黨人爲全國交通事業築路造林，爲一種在野之努力。而一時風氣，則羣相注目於政治上。國會相爭，惟一大事，即中國此下憲法應採英國之「內閣制」，抑美國之「總統制」。則試問一國政制，寧有全採之於異邦而可爲久遠之計者？紛爭無底止，乃有宋教仁被刺，長江以南五省起兵，而袁世凱則洪憲稱帝，國內戰亂無已時。

二

中山先生避居在滬，蒿目時艱，乃有其「三民主義」之構想。三民主義非不吸納當時世界潮流，而中山先生則會通和合，以融化於中國文化中，而自成一體系。首爲「民族主義」，此採之當時德國之納粹與意大利之法西斯。當時德、意皆受摧殘壓迫，而中國亦然。但中山先生之民族主義，則承繼中國大傳統，乃求民族與民族間之大同，非務於民族間之相爭。中國古人言：「中國而夷狄則夷狄之，夷狄而中國則中國之。」則中國傳統中之民族主義，仍重在道義上。故中山先生領導革命，主要首爲排滿，而民國創建，即唱爲「五族共和」。滿、蒙、回、藏皆已進於中國，則滿族之統治權既消失，宜可有漢、滿、蒙、回、藏之「共和」矣。故中山先生之民族主義，在求中國之自由平等，非慕效西方之帝國主義，則確然可信而無可疑者。

次爲「民權主義」，則取法英、美、法諸國，而亦確然有其異。西方皆「三權」分立，而中山先生則主增爲「五權」。其所增之「考試」、「監察」兩權，皆承繼中國傳統。而中山先生又明言：「權在民，而能在政。」民衆有「權」以要求政府之如此，而民衆實無「能」以參加政府之爲此。此又中山先生承繼中國大傳統，而與西方相異之一要點。故不僅被選人應有限制，而選舉人亦同應有限制。考試權之功用即在此。西方選舉，亦經數百年之演進，始有今日之所謂普選，而流弊終不免。中國豈能一躍而驟企西方之普選？而中山先生之重視考試尤在選舉之上，則顯然又爲中國傳統與西方一大異。西方民主政治重「多數選舉」，而中國傳統政治則主「考試選賢」；惟「賢」乃能代表多數，領導羣衆，以達於其所欲。此顯與英、法民權異趣。

最後乃爲「民生主義」，此乃採之當時蘇維埃之共產主義，注意在民衆之生活上。中山先生曾言：「民生主義即共產主義。」惟共產主義乃主世界性之「無產階級專政」，既不主張民族主義，又不主張民權主義，與中山先生之三民主義又大異其趣。故三民主義則決非共產主義，而共產主義之部分精神乃亦可容納於三民主義中。中山先生之意，如是而已。

三

今再綜合言之。當時世界政治可分三大潮流：

一爲德、意之民族主義，一意惟求民族發展，而民權、民生在所不顧。

一爲英、法之民權主義，惟求保泰持盈，求其內部之安定，俾得維持現狀，而民族、民生兩觀念則非所注意。

一爲蘇維埃之民生主義，惟求階級鬪爭，以共產思想擴張己勢，而民族、民權則皆所忽視。中山先生乃會合融通此三大潮流，而化爲一體。其所憑以融化此三大潮流以成爲一體者，則爲中國民族自己之文化大傳統。而豈僅知迎合世界潮流宣揚西化者之所能與知乎！

即如同時有陳獨秀，創爲新青年雜誌。最先近於納粹、法西斯之民族主義，繼乃一轉而爲蘇維埃之共產主義；其友人胡適，則一意崇慕英、美之民權主義；皆惟宣揚西化是務。即求諸追隨中山先生從事革命之國民黨徒，如宋教仁等，其意似亦只謂革命則只是西化而已。中山先生之深謀遠慮，見大思精，恐亦未能爲彼輩所領略。故中山先生當時乃又有「知難行易」之新論。

四

中山先生專就知識上分人類爲三級：一爲「先知先覺」，一爲「後知後覺」，又一則爲「不知不覺」。此惟中國文化傳統有其說，而西方無之。不知不覺則屬多數，先知先覺與後知後覺則屬少數。中國傳統意見尚賢不尚衆，故曰：「善鈞從衆。」中山先生言：「權在民，而能在政。」「權在民」，即其接受西化，適應時代潮流而爲言。「能在政」，則其獨抒己見處。而一時聞者，則多偏其「權在民」之前一語，而忽略了其「能在政」之後一語。此中山先生所以有「知難行易」之歎也。

中山先生又分新政治之推行爲三階段：一爲「軍政」，次爲「訓政」，最後始爲「憲政」。軍政期於全國統一，建立一新政府。其次乃在推行訓政，使全國人民稍有知識，稍能與政府合作。然後乃能有憲政，然其事則非急切可冀。中山先生在廣州黄埔建軍，然即北上欲與北方軍閥段祺瑞、張作霖謀和。在中山先生意，爲革命而長期内戰，終非其所願想。故民初即讓位於袁世凱，至是又北上謀和。中山先生豈不知段、張非可與共謀國家民族大政之人？今不知其果與段、張晤聚，又如何提出其主張？惜乎其初到北平，即病逝醫院中，今亦無法推測其究竟。但可略加試探者，恐中山先生亦仍如辛亥初年意，以讓政爲謀和之手段，只求段、張亦有所讓步。先求在政治上求一安定，免於戰爭，然後中山先生似乎仍將退身在野，從事其訓政之工作，使國人略知此後國家民族前進一大趨向。既不爲專務西化，亦不爲專爭權利，乃始有步上憲政之希望。而惜乎其終賚志以歿。此誠吾國家民族一莫大之厄運也。

五

中山先生逝世，國民革命軍北伐，中國幸得統一。共產黨自江西「二萬五千里長征」，終獲於延安苟延殘喘，而對日抗戰隨即繼之而起。當時國民政府所盡力以赴者，盡在抗日上，訓政工夫未能有所進行。共產黨借此機會潛滋暗長，國民黨又自有分裂，汪精衛在南京淪陷區建僞政府。除國、共兩黨外，尚多其他黨派紛起成立。抗戰勝利，而「政治協商會議」對國是迄無共同之意見。中山先生之三民主義，明白規定爲「民族、民權、民生」，而必改爲「民有、民治、民享」，乃得載之憲法中。民有、民治、民享，顯屬美國林肯總統之言，與中山先生之三民主義顯有大不同。稍具知識，即可明辨。然而非引外國人語，即不足服全國之人心。中山先生所唱之知難行易論，與其實施憲政之主張，亦可於此得絕大之證明而無疑矣。

抗戰方殷，雲南、昆明西南聯大師生間，共產思想已甚囂塵上。及勝利回都，而上海、南京等地各校學生亦有「喫光運動」，肆無忌憚。在下思想不統一、不調和，在上政治何由得安定？毛澤東共産政權之終於得忘，亦豈專在其宣力？及國民政府遷播來臺，一時宣傳亦專在反共。而臺灣乃有獨立運動之興起。追隨政府來臺者自屬少數，而臺灣人終屬多數。若依現代西方政治理論，則多數即擁有無上之權威。但就中國民族論，則臺灣人更屬少數中之少數。不尊國家民族自己傳統，而惟以西化爲尚，則臺灣獨立宜若天經地義，無可疵議矣。臺灣民衆雖經政府領導，在經濟生活上有突飛猛進之勢，而獨立思想之在臺胞之移居美國者，則仍有其潛伏，而政府亦仍不得不厲行民選。是則稍經時日，臺灣豈不仍爲「臺灣人之臺灣」？實則今日已成臺灣民間一流行語。一旦大陸光復，則試問大陸十億人口教育未普及，傳統文化已墮地無餘，果政府重返，亦厲行民主選舉，將豈不成爲絕大一難題？故知中山先生之遺訓，實有至今尚值信仰崇奉之必要。然今日而仍言訓政，又豈不將受盡反對？中山先生生前此一番思想言論之可貴，亦正可由此而見矣。

今值中山先生逝世一百十六年之紀念，蒿目時艱，緬懷哲人，誠不勝其神馳心傷之感矣。天佑中國，宜必有繼起而善承其後者。余日望之，余月望之。

（一九八一年十一月十二日臺灣日報）

中山先生之三民主義與民族文化

一

今人羣稱「三民主義統一中國」。但三民主義可分兩說：一爲孫中山先生所提倡「民族、民權、民生」之三民主義，一爲美國林肯總統所主張之「民有、民治、民享」三語；今國人尤尊奉之，並以替代中山先生之三民主義，而載之我國首創之憲法中。然此兩者間，涵義大别。

何謂民族？中國乃一「宗法社會」，有「家」始有「族」，故亦稱「家族」，社會流傳有百家姓。中國人尊孔子，自孔子起，傳家迄今七十餘代；自孔子以上，猶可推至商湯。而湯以前，據甲骨文增補史記殷本紀兩世，即可推至於商族之始祖契。是則孔子一家緜延四千年，世代皆有名字可查。此爲中國文化一特徵，並世其他各民族無此例。中國其他各家族，亦大體如孔氏。

中國古代行封建政治，「族」之上有「國」，下有「家」，故中國乃一「民族國家」，由中國民族建立此中國。西方則爲個人主義，無深厚親切之家族觀，故近代西方人乃主「國爲民有」；而其所謂「民」，則分別指「個人」言。中國傳統則僅言「民爲邦本」，又常「家」、「國」幷言。中國觀念，「身」之上有「家」，家之上有「國」，國之上有「天下」，家、國、天下皆由公道，非私物，其地位均遠在各別私人之上，各別私人對之均當有一種責任感。此乃中國民族傳統之一種道義觀，與西方傳統功利觀之「民有」理論，大不相擬。

依林肯意，當時美國黑奴亦同當爲美國之國民，故林肯主解放黑奴；而美國之西方人，乃至猶太人、黑人，同爲有此美國。依中山先生意，中國乃中華民族所創建，有五千年之傳統文化，不得由滿洲一族來統治。故辛亥革命主要在排除滿洲政府，不再擁戴一帝王，改建爲民國；而實有極深厚之民族傳統精神，即文化精神存其內；非一意模倣西方，與一大羣個人來占有此國，意義大不同。此一層不得不深辨。

二

次言「民權」與「民治」之辨。西方人主「國爲民有」，則其國事自當由其民來處理。故林肯解放黑奴，亦使黑人平等有選舉權，迄今乃有黑人出而競選總統者。中國人言政治則重「道」不重

「權」，故嘗言「治道」、不言「治權」。中山先生之「民權」二字，乃採自西方，但中山先生明言：「權在民，而能在政。」中國傳統主張「賢能政治」，不主張「多數政治」。賢能始得明治道來代表多數，而多數則並不能明治道來選出賢能。果能選出賢能，亦不當再由多數來加以監視。故中山先生之所謂民權，實即中國傳統「國以民爲本」之義，與西方之昌言「民治」有不同。

中山先生之「知難行易」論，分人爲「先知先覺」、「後知後覺」、「不知不覺」三等。蚩蚩者氓，則應在不知不覺之列，當受領導、受照顧，而無領導人、照顧人之能；豈有所謂「民治」乎？即言「選賢與能」，亦屬中國人理論。西方則主張人人平等，惟有少數服從多數。政治領袖則稱爲人民之「公僕」，不言賢能。中西文化傳統不同，斯言論思想亦不同。若必論多數，則中華民族最占世界人口之最多數。今國人又只敢言「國」，不敢言「天下」。只求中國服從西方，更不敢從天下言多、少數，主張西方應服從中國。而又何「民治」之云？

三

至於「民生」與「民享」，其義更大不同。「民生」乃指國民之日常生活，乃「民生大道」，即「人道」。「貧而樂，富而好禮」，「正其誼不謀其利，明其道不計其功」，而豈論所謂享受？生活務求享受，此乃飲食之小人，當擯不預於人類。西方惟主「民享」，遂有資本主義與共產主義之相爭。中國傳統著眼在人生大道即民生上，則共產主義固無當，而資本主義亦有病。求之中國歷史傳統，商業非不盛，至少自戰國以迄清末，歷兩千數百年，絕無資本主義之產生。其中別有一番深義，所當講求。

四

近代國人心理，則羣尊西方，奉爲楷模。最近又特崇美國，一惟其馬首是瞻。中山先生雖手創民國，然在國人心中，終不能與美國之林肯相比。故「民族、民權、民生」之三民主義，國人視爲乃中山先生一人之言，僅得爲國民黨一黨所信奉；易而爲林肯之「民有、民治、民享」，始得爲全國人所信仰。不幸而近代西方除美國外，尚有一蘇維埃，與美國爲敵。則崇奉馬克思、列寧，乃可自張一幟，爭奪政權。吾國家當前之分裂即由此。

欲求我國家對內能統一，對外能獨立，則非求本於中山先生之民族主義不可；而欲求民族主義之昌明堅強，則非建本於吾民族五千年之傳統文化不可。而中山先生之民權、民生兩主義，則因於爲首之民族主義而建立。今人則羣以擁有財富與權利爲號召，則仍是林肯之民有、民治、民享。總之，必以西方爲主，美國爲主，庶中國亦得賴以生存。此則人心所向，一時亦無奈之何矣。

在中國有湯、武之革命，又有堯、舜之禪讓，而堯、舜禪讓之意義價值，則尤在湯、武革命之上。在西方歷史上，則只有革命，更無禪讓。中山先生起而革命，則國人羣奉之；其將第一任正式大總統之位讓於袁世凱，此乃中山先生身兼堯舜、湯武「禪讓」與「革命」之兩德；而國人於此則絕少稱崇。可見中山先生獲近代國人之崇奉，亦在其能接受西方，不在其能保留民族傳統，亦顯可知矣。

中山先生辛亥革命，主要本爲民族主義。滿清讓位，中山先生功成不居，退隱在滬，其意欲革命黨人以在野身分致力爲國家交通道路建設，而上層政事則暫置不問；如是則或可暫厝國家於安定。而當時國會乃以英國「內閣制」與美國「總統制」相爭。英國有虛君在上，故行內閣制；中國既不再有君位，依遵美國，選舉總統，何得再行英國之內閣制？此層實無必然之義理可據，徒啟紛爭。自宋教仁被刺，以迄於洪憲稱帝，國內禍亂，乃更甚於辛亥之革命。中山先生三民主義之構思成熟，當即在此時，故兼有「知難行易」之說。則其不滿於當時黨人內閣制、總統制之相爭，亦可推想而知。故三民主義決非一意模倣西方，否則中山先生又何有「知難」之嘆？及其在廣州組臨時政府，仍不忘北上與段祺瑞、張作霖謀和。苟使和議得成，則中山先生仍當讓位隱退，使國家稍厝於安定，而後再徐圖進步。不幸遽爾病逝。蔣公北伐成功，對日抗戰繼起，八年艱辛，終獲勝利。依當時國情論，亦惟有暫擁國民政府執政在上，使國家得一喘息之機會。而諸黨紛起，「政治協商會議」又啟紛爭。憲法之第一條必明定中國爲一「民有、民治、民享」之三民主義之國家，乃庶可使中國正名定義成爲美國一附庸。此其不顧國情，而徒仗西方作相爭之口號，其情景實更甚於民初。於是毛澤東政權遂繼洪憲而崛起。

五

繼今以往，果不能有民族主義作建國之基本，仍必背國情，徒仗西方口號以相爭。如今在一海島上，即有臺灣獨立之呼聲；其他爭議，亦自將層出不窮；何能一一逆揣以知？「求變求新」，乃成爲今日國人惟一共同之口號。但我中華民族五千年相傳之舊民族、舊傳統，則不當變、不當新，亦無可變、無可新。苟必仍求變、仍求新，則宜可離去祖國，改換國籍，此豈不已成當前一時之風氣？而我國人又必承認其雙重國籍，而尊崇之在一般國民之上。此亦可謂仁至義盡，不失吾民族傳統大同精神之所在矣。故依民族主義，宜可有此寬大；若依民有理論，則不容有此寬大。此又「民族」與「民有」兩觀念不同之一證。

中國人心胸廣大，自古即有「諸夏而夷狄則夷狄之，夷狄而諸夏則諸夏之」之說。孔子慨道不行，有「乘桴浮於海」、「欲居九夷」之想。今日國人則羣以逸居美國爲第一志願，其次則英、法西歐，或加拿大，或澳洲，或南美，或非洲，或南洋，或香港；要以不居中國，不爲中國人，爲首先第一期圖。而身有雙重國籍，則顯見更受尊崇。即此一端，亦見中國文化特徵之異於世界其他民族之一矣。但孔子乘桴、居夷之想，乃亦不爲近代國人所稱道。是則中國古人之再不能復獲近代國人之讚許，亦據此一端而見。中山先生亦已爲中國之古人，宜其民族、民權、民生之三民主義，終必改爲民有、民治、民享而後可得國人之同情。中山先生高瞻遠矚，當亦早已預見此傾向，乃特提「民族主義」以冠於其三民主義之首。一如孔子之著春秋，「知我罪我」，「後生可畏」，惟有待繼起國人之重定之矣。

然則當前我國家民族之處境又奈何？曰：今我國人既已羣認我民族乃世界落後一民族，則非一意崇洋，又何從得救？計惟以遵羣情一尊西方，而惟求其不太違反於傳統國情者舉而措之，庶使國家幸獲於安定，以徐待或可由此而再返之於我國家之舊統。縱不然，得爲西方一附庸，較之長期之國內爭亂，不得已而思其次，亦未見其不可。故今日國人不再言民族、民權、民生而專唱民有、民治、民享，亦不失爲救國之一圖矣。

（此文作於一九八四年一月，寄中央日報，遭退稿，未發表。）

孫中山先生誕辰談中華文化復興

一

世界人類羣居相處，必有其共同信念、共同想望，或同所尊榮、同所卑恥，乃始有一種生活上之共同情態。短時期則謂之「風氣」，長時期斯成爲「文化」。同一文化，乃成同一民族。故民族形成，在其自然氣質上則謂之「血統」，在其人文精神上則謂之「道統」。此一文化道統，有其淺深、高下、廣狹、久暫之別。而凡一民族，則無不有一文化傳統，始有其存在。

今姑以中西文化比較言之。余常謂中國人重「人」、重「心」，西方人重「事」、重「物」。以成敗論，中國人言一十年樹木，百年樹人」。重事重物，其成易，其敗易；重人重心，其成難。然易成亦易敗，難成斯可久。中國民族傳統五千年，生齒日繁，疆土日擴，亦胥此之故。

余又謂中國人重情感，西方人重理智。實則深言之，情感中無不有理智，理智中亦無不有情感；

惟偏重偏輕，而趨向乃大異，成敗亦各别。

埃及有金字塔，以藏木乃伊，羣信人死靈魂遠去，他日重歸，苟軀體仍存，乃可復活。木乃伊之意義價值乃在此。然三、四千年來，木乃伊無一復活，而金字塔與木乃伊乃仍受西方人之崇敬與寶貴。此則無理智之尤。而西方人之好古守舊，則轉勝中國之上矣。

拿破崙兵力遍向國外，爲羅馬帝國以來所未有，巴黎築凱旋門以爲榮。但拿破崙兩次兵敗投降，幽囚海島以死。而法國人念其榮，忘其辱。此亦情感尚存，理智則淪喪無遺矣。

又如羅馬帝國潰亡，意大利人寶愛其遺址故迹，能保留則盡情保留。不知此等保留，正以阻抑意大利之新興。斯亦情損理之一證。而西方人好古守舊之情，乃有不勝縷舉詳述者。

總之，西方人好有成，一事一物之成，無不喜之、榮之，乃遽忘其失敗之再臨。全部西洋史，直迄當前形勢，率無逃其覆轍。

中國重人，雖事敗而人轉重，歷千古而常尊。如孔子，果稍自屈抑，亦可助魯哀公、季孫氏以小成。而孔子拒不爲，終身無成，而其門人弟子尊之，謂賢於堯、舜，爲生民以來所未有。其徒如子貢，魯人賢之踰孔子，孔子死，廬墓六年，而子貢之一生亦於以終結。如顏淵畢生無事足述，僅爲一門人弟子，而其受後人尊尚，則惟亞於孔子。斯又爲並世其他民族所未有。

三國時有曹操，其才其智，其學其業，不僅高出當世，抑亦歷代少偶；而中國人終不之敬。諸葛亮鞠躬盡瘁，身死五丈原，蜀亦隨以亡；然而後代中國人尊之，遠出曹操之上，臻於大賢之列。讀中國史，當識人品高下，尤在其事業成敗之上。此乃中國文化傳統一甚深妙義。若僅以事物成敗作衡量，則不謂之能讀中國史。

叔孫豹以立德、立功、立言爲「三不朽」，其功乃在後世，不在當身；其言乃永在人心，不在眼前之聲名。故求知中國文化，首貴反己自省，求之己心而始得。此之謂「人本位」，心、物兼融。非「唯物」，亦非「唯心」，非西方哲學成語之所能闡。

抑且論成敗，首當成其「己」。舜之爲孝子，方其居家，已確然成其孝。使帝堯不之訪，不嫁以二女，不使之仕而攝政，而讓位，而舜之爲孝自若，足以千古。如三國徐庶，亦豈不永受後世尊崇？一讀百孝圖，其他可以例推。

近人則盡慕西化，一事成則人盡榮之。如運動場上賽跑，先人一秒鐘到達獲金牌，遲一秒鐘獲銀牌。然人生不專爲跑步，更不爲比賽快慢。獲得金牌、銀牌，豈即其爲人之勝？周瑜敗曹操於赤壁，但瑜之爲人終不勝於曹操。賽跑獲金牌，下一賽或不再得，但前獲之金牌則永以爲榮；亦如巴黎之凱旋門，少數暫時之榮，轉生大羣永存之辱。當前歐洲人，不以古希臘人之不能團結成國爲戒，乃慕效其奧林匹克運動會。運動場、商場、戰場，人生相處，日務於爭無休止。中國則尚「德」不尚「力」，貴「和」不貴「爭」。而今日國人乃又尊奧林匹克運動會前一把火謂爲「聖火」。則中國文化前途，亦可由此照見矣。中國孫子兵法，則謂「先爲不可勝」。善且聖，斯可欲，又不可勝，所謂「先立於不敗之地」。中國人生之安定，即由此來。周濂溪「主靜立人極」亦此意。此又中西一相異。

二

專就近代人言，則孫中山先生庶可謂先立於不敗之地，超然不羣，上擬之於古聖先賢無媿色。首唱革命，創建民國，但居臨時大總統位不數月，竟以讓之袁世凱爲民國首任大總統。此亦堯、舜禪讓，求之西方史，殆無其例。此後之動亂，過在他人，不在中山先生。後去廣州，黃埔建軍，稍有基礎，又親自北上言和。果使和議有成，中山先生勢必又有所讓可知。不幸北京病死，而全國人心乃獲大感動、大轉變；蔣公之北伐成功，亦有其影響。要之，中山先生之功，乃在其後世，不在其當身。而中山先生立身爲人之德，則可與吾民族五千年來之古聖先賢相提並論。而吾中華民族文化之前途，乃有其樂觀之一面，即據中山先生之爲人而可立其信念矣。

蔣公，一依中山先生遺志，乃有「文化復興運動」之號召。求復興中國文化，莫如先求己身學爲一傳統像樣之中國人；非先爲一傳統像樣之中國人，則不能負復興中國文化之大任。求爲一傳統像樣之中國人，決非自我作古、惟我獨尊之謂，乃首當「尊師」而「重道」。惟重道乃始以尊師，亦惟尊師乃所以重道。孔子曰：「三人行，必有我師焉。擇其善者而從之，其不善者而改之。」以近代中國言，中山先生其善者。

今日國人昌言「三民主義統一中國」，此當指文化，不專言政治。文化不統一，僅求政治統一，此乃西方帝國主義，與吾中華民族五千年來之統一大不同。「有德者必有言，有言者不必有德。」三民主義乃中山先生有德之言，義蘊深廣，中山先生所謂之「知難」；同爲中國人，慕效中山先生之行之德，中山先生所謂之「行易」。堯、舜爲中國之大聖，人皆可以爲堯、舜，此爲易行；孔子謂堯、舜「民無能名」，此爲難知。顏淵師孔子，曰：「夫子步亦步，夫子趨亦趨。」「既竭吾才，如有所立卓爾；雖欲從之，末由也已。」亦步亦趨，乃行易；欲從末由，乃知難。中庸言：「小德川流，大德敦化。」今求復興文化，惟當慕效古聖先賢；上之如孔子，近之如中山先生，國人皆可慕其德，如滴水之同流，反之己而行其易，斯可矣。必待深論中國文化之爲何，如孔子與中山先生之立言垂教，則其事難。人各一辭，又當何從？

三

近人又好言「現代化」。孔子「聖之時者」，此即孔子之現代化。中國文化傳統長達五千年，正惟歷代各有其現代化，乃能長保其傳統於不墜。今人慕效西方，不失爲今日之現代化。曰民主，曰科技，莫非西化，莫非現代化，而又何害中國之自爲一中國？中山先生，亦不啻爲堯、舜、孔、孟中國古聖先賢之現代化，而亦何害其爲中山先生？執古不化固不當，捨己從人又何道？亦惟近代國人競以崇洋蔑己、求變求新爲務，遂使毛氏之馬、恩、列、史，亦得逞意於一時。覆轍不遠，當前國人深當引以爲炯戒。

惟果爲一傳統像樣之中國人，則求富求貴，亦當引以爲深戒。孔子曰：「富而可求也，雖執鞭之士，吾亦爲之。如不可求，從吾所好。」富貴爲何不可求？此屬中國文化傳統中一深義，亦中山先生所謂之「知難」。「從吾所好」，此又中國文化傳統中一深義。除富貴外，豈遂無所好？反之己而即得；此在中山先生則謂之「行易」。但求反之己行其易，不求務於外知其難，則「君子無入不自得」。此乃當前國人復興文化大任所當謹守愼從之一途。提倡科技，而一意於求富；提倡民主，而一意於求貴；此則歧途亡羊，非正道之歸矣。

教育爲立國百年大計。孔子言：「若聖與仁，則吾豈敢？抑爲之不厭，誨人不倦。」依中山先生之言論，則學與教，皆貴在其易行，不貴在其難知。當前之國民教育，果能以中山先生之立身爲人教，人人能知退讓，人人盡求和平，則中國自臻於治，而前途無可量。若以中山先生所舉爲難知者教，則除毛澤東之馬、恩、列、史外，其他國人各求自立一主義，慕效西化，羣相結黨以爭者，又何限？中山先生僅謂「國民黨乃一革命黨」，在中山先生意中，革命成功，實行憲政，再不當存在有結黨相爭之局面。中國人「羣而不黨」，既有三民主義之創建，亦不應再有繼起堪與對立相爭之新主義出現。

今日紀念中山先生誕辰，當先紀念其立身大德，次始及其功業。苟徒從其功業，又何得人人爲中華民國之國父？一如紀念孔子，亦當首重在孔子之立德爲人，否則又焉得人人爲中國兩千五百年來之「至聖先師」？復興中國文化傳統之至要精義乃在此，乃在人人之易行處。人人易行，乃有自由，乃有平等，乃可獨立。儻果人人求富求貴，則必感不自由，不平等，乃亦無獨立可言。即慕西化，即慕民主與科技，仍必還從本源處，從中國固有文化之易行易從處求。乃知「吾之所好」之亦即在此，而不與易矣。

專就教育論，「國民教育」乃西化一名詞。中國人則曰「幼學」，曰「小學」。人孰不從幼小長大成人？自其始學，即教以爲人，教以爲子弟，教以孝弟忠信爲人之本，青少年之犯罪，自可日減；社會治安，自可日增。人生之品德日漸提高，而物質功利之比價自見低落。人人盡爲一傳統像樣人，而豈徒教其爲一國民！其中亦有一番中國傳統之心理學，亦當可謂是中國科學之一部門。中國人爲人之道，亦當可謂是中國之人文科學。此又與西方之自然科學有相異。

蔣公號召復興文化有三要目：一曰倫理，二曰民主，三曰科學。子弟爲人倫之始，能守人倫，而民主、科學亦自存其中；但此意則難知；教人爲子弟，其事則易行。願吾國人先其易，後其難，於孫、蔣兩公之所言，能信能從，善學善教，則復興文化亦指日可待。苟自毀其己以學人，此則斷非孫、蔣二公之意。願吾國人賢達，其深體而善會之。

（一九八四年十一月十二日臺灣日報）

蔣先生七十壽言

介公蔣先生，以一身繫國家之安危禍福，逾三十年。在此三十年來，政濤起伏，最先自黃埔建軍，迄於北伐勝利，繼之以中央威信漸立，方期和平統一，而八年艱苦之抗日戰爭忽焉驟起；又繼之退居臺灣，憑海外一孤島，於危疑震撼中重奠復興建國之基。凡此往事，如驚浪駭濤，洶湧相接，國家固常在顛簸臲卼中；而蔣先生則始終以一身集眾望。其間則有期望，有責望，有觖望。國人萬目睽睽，歌功頌德，惟歌頌於蔣先生。祈求禱祝，亦惟禱祝於蔣先生。而歸咎責備，則亦惟歸責於蔣先生。而蔣先生兀乎澹乎，夷險若不以存懷，利鈍若不以經慮，挺身屹立，惟日孜孜。論蔣先生之所遇，實開中國歷史元首偉人曠古未有之一格；而蔣先生之堅毅剛決，百折不回之精神，誠亦中國曠古偉人所少匹也。

抑吾儕試放眼縱觀，中國自辛亥革命以還，固已步入曠古未有之新局。欲仍舊貫則無可仍，欲蹈成規又無可蹈。世界潮流，紛至疊乘，而五千年之文化傳統，又復綢繆周匝。取捨迎拒，果將何爲乎，何不爲乎？顧於此或失於彼，牽一髮或動全身。其複雜之內情，其艱鉅之實體，淺見薄識，洶難共諒。而以言夫世界，自兩次大戰踵起，亦復步入曠古未有之奇變。動盪分崩，愈演愈劇。今世界方如一大漩渦，於此渦中，難覓一滴安靜水，而究亦莫知其將何所底止。國運、世運，同此窮驚奇險；而蔣先生躬丁此運，論其處境，較之辛亥革命時之孫先生，曲折艱難，何啻萬倍！則成敗功過，固難定論。而時局之脫崎嶇而履康莊，亦尚無捷徑可覩。今方值蔣先生七十壽辰，關心國家之前途，仰企偉人之榘矱，國人共感不能以無辭。而蔣先生叮嚀曉喩，勿事祝賀，願聞直言。大哉此心！意氣與年以俱堅，心德因壽而益恢。此固國運之所繫，抑亦曠古偉人之高風宏度，所難並吾世而一覯焉者也。

竊願側耳以聽，拭目以視，企足以待，舉手以禱，方讜論之日陳，暢虛心而大受。請惟此以爲蔣先生壽。

（一九五六年十月三十一日中央日報）

蔣公八秩華誕祝壽文

今年十月三十一日爲吾蔣公八十華誕。而公以一身繫國家之安危，民族之榮悴，縈億兆之懷想，動世界之視聽，亦已四十歲於茲矣。豐功偉烈，一時莫兩；而顛頓起伏，崎嶇曲折，屢挫而益鋭，每淬而益厲。越一險，一險復乘；歷一阻，一阻隨至。驚風駭浪，萬衆共見；困心衡慮，一己獨運。吾國家民族此四十年之所經營，誠有史所少遇；而公之屹立於斯時，其遭際之阨逆，其成就之艱苦，亦前古無並。蓋自三代、秦、漢，君統相承四千載，一旦驟易以民主，社會輿情醞釀未熟，軍閥之專橫，政客之恣縱，政局難寧，國步多蹇。而外患之包圍更迭，自鴉片之釁以來踰百年，彌演彌劇。又兼以東西文化雜糅激盪，使賢智失其睿照，羣衆驅於悲憤，奔走號呼，攘臂努力，競鬩如沸，國是不立。循至於共黨肆虐，而斯民無噍類。蓋自民國肇建，五十五年來，正如隆冬之冱，霜厚雪密，陰霾慘聚，摧殘壓抑，生機伏藏。「天地閉，賢人隱」，而公抱貞固之性，負堅剛之氣，當肅殺之極運，扶一陽以漸復。波譎雲詭，清明在躬；危疑震撼，指揮若定。嚴於外而慈其內，體於仁而行其義。百折千回，而意志不衰；痛深創鉅，而踐履若素。公之一生，值千古未有之阨逆；公之一心，茹萬民同含之荼毒；誠所謂「天之將降大任於斯人，必先苦其心志，勞其筋骨，餓其體膚，空乏其身，行拂亂其所爲，所以動心忍性，增益其所不能」。如舜之發於畎畝，傅說之舉於版築，膠鬲舉於魚鹽，管夷吾舉於士，孫叔敖舉於海，百里奚舉於市，公之崛興，斯似之矣。然未有如公之既舉既顯，掌一國之大柄，獲萬民之愛戴，大命已集；而其心志之苦，筋骨之勞，體膚之或餓，身之時空乏，與其所爲之頻遭拂亂，四十載動心忍性，而未有一日之稍紓。此前自大舜、傅說以下，諸聖賢之所未遇。而公乃神智益旺，體魄益健，躋八十大耋之壽，而志益堅，氣益定，聰明益煥發。四十年履險如夷，曾不能微損其心康體泰於毫末。其動與忍之所增益，日進日密，殆有非舉國人之所能揣量；而其與衆以共見者，老而強壯，鬱而彌光，神明體魄之堅剛強毅，活潑暢遂。如公者，誠吾國歷史人物中最具貞德之一人。稟貞德而蹈貞運，斯以見天心之所屬；而吾國家民族此一時代貞下起元之大任，所以必由公勝之也。公之生，正値嚴冬之殺伐；公之壽，則徵元氣之磅礴。此磅礴之元氣則貫徹於天地四時之運，往而必復，周則復始。公之壽，方將如衛武公之百歲；而斯民之重登袵席，國步之再履康莊，祥和之氣日長，春生之陽日盛，固當於公之生見之。而今日者，方公八十華誕，氣運轉移，已朕兆見而端倪露。而天心之屬付於公之一生者，其所以教訓吾國人而鼓舞振作之，亦於公之獲躋大壽爲益信而有徵矣。穆側陋在野，猶幸得窺公之萬一；而生平治史，於吾國家民族四千年來人物之多姿，時代之多態，亦嘗默識於心而有以窺其所以然。故敢忘愚昧，而妄申其蠡管。其所以爲公壽者，亦爲吾國家民族方來之無疆休運，致其頌禱之私於不自禁也。

（一九六六年十月三十一日中央日報）

一位高瞻遠矚的政治家

一

自蔣公於兩年前國父孫中山先生百年誕辰提出復興文化「倫理」、「民主」、「科學」三綱領以來，全國響應。有關此一號召之闡發討論，散見於報章雜誌及各項著述中者，風起雲湧，使人有目不暇給之感。然有一問題不得不特別提出者，竊謂討論文化實不應過分把「新、舊」一觀念強作分別，並據以爲衡評文化高下得失之基本。此層至關重要，當稍加申說。

人類社會不斷有事物翻新，此乃自古已然，不足深怪。先就物質方面言，邃古人類使用石器，自舊石器時代演進至於新石器時代，又經不斷演進，以至於今日之原子時代：此事人人皆知。而自現代科學發明，物質翻新益形快速。然即在現代科學最發達之國家，其社會上尚復保留有不少在現代科學發展以前之舊器物、舊建設，而形成一新舊並存之局面。抑且科學發展以漸不以驟，其間新舊更迭，亦漫無界線可以劃分。在現代科學發展中，將以何者爲新，何者爲舊？亦復難以判別。要之，任何一社會之初質情況，必然是新舊雜糅，無全新，亦非全舊；此乃古今社會一通象。

再就人事言，亦是不斷翻新而仍是一新舊雜糅之局面。大而言之，如社會形態、國家體制、政治組織、法律系統、經濟機構，乃至一切風俗習尚，至於如宗教信仰、文學藝術之愛好，如是以往，殆無一不在變化中；而其變亦以漸不以驟。此乃人類歷史演進常軌，不得劃一時期，認此以前皆屬舊，認此以後乃屬新。

若論文化，則與物質人事之不斷翻新又有別。文化不能超出於物質人事之外，而憑空自成一文化；但文化究非當前一切物質人事之具體可見者之總和，而應別有其獨特之內涵。蓋文化乃是人類大羣集體寓有傳統性之一項共同生命；雖可分別而指，實當會通而觀；不得即以分別論物質、論人事者論文化。此層極值深究。

如個人生命必寄託於其個人之身體。人體乃由種種細胞組織，而此種種細胞不斷新陳代謝，隔歷多少年，其全身細胞代謝一新，更無一舊細胞保留。自人初生迄其老壽而死，其全身細胞之新陳代謝，不知經過了幾多次，但其人之生命傳統，則只一無二。

又其人之生活習慣與其智識技能之不斷獲得新成分，以及其老壽之年；回視其嬰孩時期，迥然有別，斷斷不能等量齊觀；亦可謂儼然已是一新人，但其人之生命，則亦只一無二。

就以上述淺顯之喻，可知新、舊之分，決不足爲衡評文化之標準。而且新舊不遽是是非，新者不必是，舊者不必非。此事人人易知，不煩詳說。

二

中國社會討論文化問題，起於民初之「新文化運動」；下迄最近，乃有大陸共黨「文化大革命」，以「破四舊」爲猖狂之叫囂。可見此數十年來，國人對於文化問題始終不免橫梗一新舊觀念從中作祟。若必惟新是尙，則共產極權較之民主自由之在西方，豈不爲後起新出？惟其國人先挾有一番崇洋競新之心習，故使共產思想一時瀰漫；尤其是青年階層，好新厭舊之風氣，最易感染；使我國家民族淪於深淵，至今浩刼不拔。此一心習，豈不可戒！

今日蔣公提倡「文化復興」，而說者必曰「復興非是復古」。竊謂此說可有兩涵義：若曰文化復興非是專爲復古，此說則誰得而非之？然若謂文化復興事非復古，則歧義橫生，終將招來此下無限之糾紛。所爲欲復興文化，正爲近數十年來國人崇洋蔑古，積非成是，昧失本原，忘其自我；針對此頹趨而言復興，在我傳統文化中之古老部分，所當復者亦復何限？即如提倡孔、孟學說，豈得謂其是復古而加排拒？

在民初「新文化運動」時期，凡古必斥，凡舊必破。不僅曰「打倒孔家店」，而又繼之以「線裝書扔毛廁」，又繼之以「廢止漢字」，造爲羅馬字拼音，而高呼「全盤西化」，至今餘毒未淨。倡爲「復興文化非是復古」，其中仍有不少人乃取上述之第二義。其内心所存若曰：提倡文化復興，即爲有復古傾向之潛伏。復古既爲國人所深懼，則試問我國家民族五千年來所積深累厚之文化傳統，又將遵何道而復興？

爲此「復興文化非是復古」之主張作護符者，復有「現代化」之一説爲之張目。生於斯世，爲斯世人，國於此世界，當求其國爲一現代化國家；此義盡人首肯，本無反對之理由。然即就當今所可奉爲現代化最標準、最值慕效之國家，在其社會人生之各方面，亦多保留在彼傳統下之古老部分。可知求一國家之現代化，與盡量毀滅其國家之舊有部分，斷非一事，不當混並爲説。

在民初「新文化運動」時期，大聲提倡「德先生」、「賽先生」，然在西方現代國家中，尚有遠起在「德」、「賽」以前之宗教傳統；亦有欲盡力毀滅其古老之宗教傳統者，則惟共産國家爲然，然至於今而仍未完全獲遂其意想。則保留宗教舊傳統固無妨於其國家之現代化。何以孔、孟學説在中國則必將爲現代化一障礙？此當另作闡説，以求證成其所持之意見；不當横梗一新舊觀念，籠統立論，謂舊傳統必妨礙新潮流、妨礙現代化；則在此舉世現代化之新潮流中，固尚有極大分量之舊傳統存在，此乃一不掩之事實。

抑且所謂「現代化」，乃一變動不居之名詞。在當前，有當前之現代化；在五十年、一百年以後，復有五十年、一百年以後之現代化。若必破棄舊有，始得完成其現代化，則今日舉世所努力以赴者，勢必爲五十年、一百年後之障礙，爲五十年、一百年以後人所必欲破棄。如此則固無傳統可言，亦無文化可言。若謂有之，則惟有一不斷當破棄之傳統，與一不斷當破棄之文化。人道至此，恐終無以爲繼。

今日蔣公提倡文化復興之三綱領，國人如響斯應，固一可喜之現象。然尚有少數人心存一觀念，謂民主與科學乃求國家現代化之主要急務，爲吾人所當盡力；至於倫理，則吾愛其羊，其禮固可廢。即暫存此禮，亦既無害於吾羊。此少數人之內心，實認民主、科學爲當前復興文化之切實條件；而倫理一項，則視爲一門面語，乃是提倡復興文化題中一應有之義。此等觀念，雖未明白見之文字、播之口說，然只觀國人仍多主張「復興文化非復古」之一辨析，則提倡倫理豈不有類於復古？故知抱存上述一觀念者決非無人，而我此所指出決非一種捕風捉影之談。此等觀念，固不當與「禮教喫人」、「打倒孔家店」等狂妄意想相提並論；然前車之覆，後車之鑒，五十步之與百步，生於其心，則害於其事。此實爲我國人所當加深警惕，加細剖辨也。

三

今日我國人所以必堅持一新舊觀念奉爲衡評一切文化之標準，其背後實尙有一種淺計短視之功利觀念從中作祟。遠自前清以來，即已有接受西方文化之開端，其先則以堅甲利兵爲主要目標；次則繼之以及於現代科學之種種物質文明，又繼之以及於變法維新之人文措施；要之，皆從功利觀點爲出發。惟在當時，尙有「中學爲體，西學爲用」一語之流傳。此乃主張以自己文化傳統立基本，以現代事物創新供利用。而其爲有一種極濃厚之功利觀念存在其間，則人所共曉，無待再論。

下至「新文化運動」時期「全盤西化」之主張，亦復是前淸以來一種功利觀念之一線相承，而變本加厲，激盪益甚，於是乃有以功利觀念衡評一切文化之趨勢。其對西方文化固非有一種深沉之認識，與夫審細之抉擇。卽當時共產主義之急速傳播，亦爲此同一病根所引起。此事雖若僅可微指，但亦不難加以確認。

若言西方文化，遠自希臘時代之個人自由，下迄羅馬時代之集體組織，復經中古時期之宗教涵育，以迄於現代科學之興起，固自同樣成其爲一種源遠流長、深積厚植之文化傳統。惟自晚近期以來，則不免功利思想發展踰限，帝國主義、資本主義與夫殖民政策之過分向外擴張，而反使自己文化傳統受其病害。自兩次世界大戰以來，歐洲本土古代、近代文化發源地，皆幾於一蹶不振，而形成目前美、蘇兩大強權之對立。此後西方文化如何復甦，如何沖淡其日益加甚之功利觀，而得走上一和平中正之大道，事雖急需，而端倪未見透露。甚至第三次世界大戰之威脅，至今尙依然存在。此實爲當前世界人類一大危機所在。

而我國人乃極少能對西方文化傳統作深細之研尋，僅欲於功利觀念上慕效其現代化。則恐所能獲得之利益，將不敵其所將膺承之禍害。殷鑒不遠，卽在歐洲本土乃及美、蘇兩大國之間，就其最近

二、三十年來在社會上、在國際間所不斷發生之種種事變，而知我之此說，並非危言聳聽，故作杞人之憂天矣。

再深而言之，一切功利觀念皆不免使人陷於淺計而短視，決不能爲人類開創文化，而使其緜延成爲優良之傳統。就科學言，科學之產生與發展，必基於人類對自然界有某幾項純眞理之發現。由此推演而有種種之應用。此項科學上純眞理之發現，則決不從功利觀念來。此項應用，亦屬有關自然界純眞理之應用，而非外於眞理而別有所謂科學應用者可以獨立而自在。若使功利觀念瀰漫充斥於科學界，使人僅知注意於現有科學之應用，而不能在自然純眞理上續有發現，續有開新，則科學生機，亦將窒息而卒至於夭亡，不能長有其無盡之發展。

四

天地間眞理，則決不限於物質界，爲自然科學所發現。其在人文界，亦蘊藏有種種眞理。民主政治必以民主社會爲基礎，而人類政治以及人類社會何以必以民主爲標的？此中豈不亦有一番眞理？惟此項眞理不爲自然科學家操心之對象。故自然科學，不能包括盡人類文化之多方面；而自然眞理，亦不能兼代了人文眞理，而獨占眞理之全部。如今美、蘇兩大對立，各務爲科學上之競賽；然一爲民主自由世界，一爲極權共產世界，在自然眞理上可以互認一致，在人文眞理上則如水火之不能相容。此非自然界有眞理，而人文界無眞理；乃是人文眞理深隱於複雜多變之人生界，難見難定，不如自然眞理之易求易得。今日世界，自然眞理之發現有突飛猛晉之勢，而人文眞理則撲朔迷離，裹足不前；雙方距離日遠，將更成爲人類莫大危機之所在。

如上所述，人類文化本已包有「自然物質界」與「人文事爲界」之兩面。自然物質界與人文事爲界各有種種眞理之蘊藏，則人類文化是否可有一更高眞理，超乎此自然、人文兩界各項眞理之外，而又可涵有自然、人文兩界各項眞理在內，使此文化得爲人類大羣集體生命之傳統所寄託？若使人類能獲得此文化大眞理，人類大羣集體之共同生命乃可永傳無窮，既以相安相生，亦復可大可久；而後此文化之於人類，乃始可謂其善盡了其更高更大之使命。

實則中國傳統文化，對此文化大理想，自始即注意探討。中國歷代古聖賢哲，對此問題，既已不斷追尋，不斷闡揚，其所發得，較之世界人類其他文化之成就，專就此一理想上衡量，則中國文化之所到達可謂斷無遜色，決不落在其他各文化之後。

請就鄙淺之愚見，於此略作簡單之敍述。

竊謂人類文化之最高理想，其所寄託即在「人」；而人之爲人，其本身即兼具自然與人文之兩面。人之有「身」，屬於自然；而人之有「心」，則人文由之展演。故人生乃使自然、人文綜成一體。而人類文化亦必兼包此兩者。

而人之有心，其意義亘天尤遠過於其身。此乃人之所以異於禽獸之所在。而心之大原則本於「天」。

人物各皆有「性」，皆出天賦。人因有性，乃有所同然之心。而此性則既曰「人性」，亦曰「天性」。人苟能善盡其性，則「天」、「人」相通。宗教與科學事若相反，而至是可以會通合一。惟此乃是中國文化傳統大理想所在。

而人性復有兩別：一曰「羣性」，一曰「個性」。羣性人人所同，因有羣性，故使人類可有一集體共同之大生命。個性不相一致，因有個性，故使人類得有各別自己之小生命。在於人類大羣集體共同之大生命之中，而復有人類各別自己之小生命可以分途發展，乃使此大生命益增美富，益見充實。

羣性展演，乃有人生之大道；個性伸張，乃成人生之多才。

由大道而展演出多才，而多才必會合於大道。「道」之與「才」，所以相成，而不當有相背。

由道而有德義，故曰「道德」，亦曰「道義」；此皆由人之羣性來。由才而有功利，人生中有種種技巧術藝，各別之智慧皆所以創出人生種種之功利；此皆由人之個性來。

故曰「盡性」，則既貴盡羣性，亦貴盡個性。

或曰：蔣公提倡文化復興之三綱領，倫理所以「盡己性」，民主所以「盡人性」，科學所以「盡物性」。竊謂「盡物性」亦當歸本於「盡己性」。

人類中不少大科學家，皆由其具有特殊之天賦，抉發自然界中一切眞理；乃其才性所近，故得有此成就。此事不當期望其爲人人之所能。故科學發明，乃人類中少數人之事；而人類文化之大生命與大理想，則不能專付屬於少數人。故科學亦僅是人類文化中一支，非可成爲人類文化之全體。

民主政治與民主社會之形成，皆屬人事活動。於人事活動中亦需具有特殊之天才，就其性之所近，而在大羣中得成爲一領袖，而發揮其指導控縱之作用。故科學天才之與政治天才，在人類中本屬分途。使之各盡己才則爲兩美，必欲冶之一爐，則成兩損。

五

中華民族自始即能摶成一大國，廣土眾民，長治久安，此見中華民族在政治方面實具卓越之天才。而自秦、漢以下，大一統政府成立，所需於人之政治才能者益切，漸爲功利觀念所薰染，人競趨於從政之一途，科學天才不易彰顯突出；至今科學成就落於西方之後，此亦爲其一因。

西方社會立國體制不能擴大，因此少能自給自足，每賴工商業之向外爭取；而盡量利用自然界以爲厚生之資，遂爲西方社會所急需，亦因此而使科學天才易於發展。自有近代科學之突飛猛進，而亦不免爲一種功利觀念所掩脅，近代西方遂成科學一枝獨秀，其他各種才能，如宗教、哲學、文學、藝術、政治、外交各方面，似乎都缺乏了第一流天才之表現，使人有今不如昔之感。

人類個性不能獲得多方面平均自由之發展，則此一文化體系終將陷於偏枯，而循至於萎縮以達於死亡。民主社會、民主政治之主要功能，正爲能使各方面個性伸展，能獲得一平均自由之機會。則所謂「盡人性」，其實仍是使人各「盡己性」。

然人性中，仍有羣性、個性之別。個性可以相異，羣性則一歸大同。個性發展而有各別之才能，羣性發展則成共通之大道。各別之才能，必運使於一共通大道之中。不能謂有了各別之才能即可合成一共通之大道；乃是在共通大道下，而各別之才能纔始有其範圍、有其軌轍，乃使其各別之才能各得完成而表現，以相互貢獻於此人類之大羣。即如今日可以大量殺人之核子武器之出現，此雖亦是有得於自然界之純眞理，卻斷然無當於人類大羣所當完成之共通之大道。此乃一種個性伸展而越出羣性規範之外。如何再加以裁減，再加以消滅，乃成爲當前世界人類共同一大問題。

中國傳統文化，雖亦注重於人類個性中所各別具有之才能，乃更注重於人類羣性中所共同具有之德義。此乃中國傳統文化所以終爲較優出於世界人類其他各文化之上之一主要特點。今蔣公所提示復興文化之首先第一綱領曰「倫理」。當知倫理乃在人之羣性中。中國文化所講求之倫理精義，乃在各求完成對方，而同時亦復完成了自己。故在大羣中可以有各別小己之存在與完成，並不過分抑低了小己之地位。然小己則必在大羣中存在與完成，亦不過分高抬了小己之地位。

爲父母者必同知有慈，爲子女者必同知有孝，爲兄弟長幼必同知有序，爲夫婦必同知有別，爲君臣、朋友，亦必同知有忠、有信、有義。故曰此乃人類所同有之羣性。

人因慈其子女，而自己即同時成爲一慈父與慈母；人因孝其父母，而自己即同時成爲一孝子與孝女。倫理之對象在他人，在大羣；而倫理之所完成，首先即爲實踐此倫理之個人之德義與人格。

六

因於欲完成其德義，乃有才能與功利之需求。故蔣公所提文化復興之三綱領，「倫理」實當爲「民主」與「科學」之基本。

如使父慈子孝，兄友弟恭，夫婦有別，而又和樂且耽，如瑟如琴，此一家必爲一民主自由之家。推而廣之，在上位者知有禮，在下位者知有敬，朋友相交各知有忠恕信義，又且每一家庭各得自由民主，則此一社會必爲一民主自由之社會，而並可有民主自由之政治。當知此社會與政治上之民主與自由，乃是一種大道之行，非可從各自爭權奪利而形成；亦非超出於人生大道義之外，而在政治上可以單獨有些成就。

若使在此大道之行之社會中，人之各別個性獲得自由發展，不僅政治得上軌道，科學興起，自然界中所蘊藏之各項眞理亦得逐一發現，憑之以利用、厚生，而不爲野心之政治家與貪得之資本家所掌握操縱；則科學之於人羣，亦將惟見有利，不見有害。

然則蔣公所提示復興文化之三綱領，乃是同條共貫，一本於中國傳統文化之大理想，而又接應世界潮流，爲國人之各自努力於承先啟後者作張本；何嘗是一種新舊之拼湊？更何嘗是以「倫理」一項保存舊道德，以「民主」與「科學」兩項追求新功利，所可分別以求，一如少數人所想像？而少數固執褊狹私見之人，乃必曰民主與科學非中國所固有，所以蔣公所提示之文化復興乃以開新，非以復古。則當知天地生人，決不對中國人獨苛獨薄，於追求民主自由、追求自然眞理之各項天性，各項才能，絕不賦與；抑且從歷史事實言，不得謂中國傳統政治下絕無民主措施，在中國傳統學術下絕無科學成就。故必劃出民主與科學二者，堅認其爲是外洋之舶來品，此種分法，宜無是處。蔣公復興文化之三綱領，實出一本，而少數固執褊狹私見之人，必欲強加劃分使成二本；此在眞實從事復興文化之大道上，必將有迷途亡羊之失。此則不可不加以深辨。

何謂一本？乃一本之於人性之尊嚴，一本之於人類大羣集體共同生命之所需，又一本之於中國傳統文化所抱有之大理想。今日者，國人響應於蔣公之號召，當深切認識此一本，當各就自己才性所近，各在自己之職業崗位上分途努力，以向此一大目標而前進。

從事科學工作者，且莫認爲科學乃一門新興學問，與中國古老之文化傳統無關；亦莫認爲只有科學，乃有實際功利可言，其他則盡屬浮辭虛論；更莫認爲此後人類文化將一切接受科學之指導，惟科學乃能包辦人類文化之一切。當知科學僅是人類文化中一項目，而非即是人類文化之全體。具有如是認識，乃可使科學工作對人類文化展演出更大之功能。

至於從事政治及其他一切社會事業，此屬面對人事之活動，與科學家之面對自然物質方面者不同。雖亦有需特殊天賦才性所近，然更要乃在羣性之涵育，而個性伸展屬於次要。中國傳統文化將一切人事活動都包括在倫理之中。在倫理範圍內，皆屬有關羣體之「通德」，不得謂是個人之「私德」。就中國傳統觀念言，凡稱德者皆通德，非私德。凡屬德行，則必有關於羣體之公；惟其涵育踐履，則皆屬個人之私。故凡一切人事活動，皆當一本於各人良知中所固有之德義，而爲大羣集體謀福利。政治事業，決非爲個人功利，固不待論。然若僅持功利觀念以從事，謂人事活動皆屬功利範圍，縱使其心爲公，亦爲中國傳統文化所不許。故必辨「利、義」、辨「才、德」、辨「王、霸」、辨「仁、智」。縱謂中國傳統政治並無近代號稱「民主政治」之一套法制規模，然實具有苟爲欲推行民主政治之一番眞實與永久之內在精神。求之歷史實例，君明臣良，以臻一世於郅治；扶危定傾，以維持其當前之小康；乃至在亂亡之際，顚覆之餘，政治中人，其能堅貞不移，大節凛然，完此通德，以開後世之新運者，亦復史不絕書。故就中國傳統文化之理想言，倫理實爲政治之本，而民主大義亦已兼備於倫理一項之內。亦可說必先知爲人，乃始可以從政。本末、精粗，一以貫之。此一義，實爲今日提倡復興文化所亟待闡發者。

最後言及倫理。文化之發展與維持，必待少數才智傑出之士爲之領導，爲之支撑，爲之作前鋒、作中堅、作後勁；然而文化大生命則必寄託在大羣集體絕大多數人身上。換言之，羣性涵育，尤要於個性伸展。使個性伸展於羣性涵育之中，則其羣體日趨於安定而恢張；若使個性伸展於羣性涵育之外，則其羣體雖或一時有燦爛繽紛之象，而所藏禍害，雖或難於預指，亦將終難倖免。中國傳統文化中所特別注重之倫理一項，其中所包涵者，乃當普及於文化體系之各部門、各方面，而又爲社會大衆人人之所能知能行；雖少數才智傑出之士，亦復莫能自外。今若將蔣公所提示之文化復興三綱領，各各分別而觀，不知綜合會通而求，則終無當於中國傳統文化之大理想；使人誤認謂倫理一項，僅爲社會大衆匹夫匹婦之愚碌碌無可表現者所當修行之一種私人道德；而政治上之大功業，科學上之大發明，則各有其途徑，各有其目標，可以各自分道揚鑣，與倫理一項漠不相關。如此演進，則人類大羣集體之共同生命終將爲之解體，而我中華傳統文化之大理想亦將無可表現，無可存在。

即就當前世界現況言之，父子失其親愛，夫婦失其敦睦，兄弟失其聯繫，家庭之間，已不見有一種和樂之氣象。若論社會，則長幼失其倫序，朋友失其忠信。若能知各求個性伸展，此已爲莫大之佳境。以言民主自由，則成爲權利角逐之場。以言科學發明，則成爲富強爭奪之資。此雖或言之過甚，而朕兆已露，端倪已萌；縱爲善辯，不得謂世界無此趨勢。大厦將覆，一棟難支。苟非會羣體之智慧以共尊此羣體之通德，求有以爲發揚光大之道，則試問此割裂之羣體，終將於何而重合？

故知蔣公最近所提示之文化復興三綱領，實不僅爲求復我中華文化所固有，亦將爲世界人類文化開展一新生。

（原載一九六八年十月三十一日中央日報。一九七五年四月十六日蔣公奉厝大典，中央日報追思特刊重載。）

蔣公大壽祝辭

一

惟我炎黃之冑，文化潛力，既深且厚。明哲挺生，前後相繼。先之有國父孫中山先生，首創三民主義。民族主義則一以民族文化爲歸極，民權、民生主義則欲采酌西歐文化之長，以與吾民族傳統文化相融會而成一體。然而國人經受現代西歐文化壓力過重，刺觸過強，急切未能深曉，憤起激情，有不自知；先有「新文化運動」，繼有今大陸共黨之「文化大革命」。以恕道言之，此皆僅止於知有「民族」而不知有「文化」之一境。顧不知苟無文化，則民族無靈魂，乃至無生命，其勢終必至於以民族爲一大集團，以向外爭財富、爭武力，此則仍是西歐文化積波餘勢之作祟。

二

蔣公，踵孫先生而起，既定抗日大業，又膺反共重任，更以「復興中華文化」號召吾國人，揭示三綱領：曰倫理、民主、科學。其民主與科學兩項，亦爲採酌西歐文化之長，求與吾民族傳統文化融成一體。而倫理一項，實最爲吾中華文化精旨所萃。吾中華文化中之有倫理，乃屬人類和平相處一大原則，固不盡於父子、兄弟、夫婦、君臣、朋友之舊五倫。推極言之，人類相聚，各有倫理。若國際、若商業、若法制相異與信仰各別，乃及民族與民族間、宗教與宗教間、集團與集團間、組織與組織間，莫不有倫理之存在。中國文化中之「倫理」，實即「人道」之異辭，不過舉父子、夫婦以爲之發端而示例。言民主，此亦一倫理。言科學，亦不能有背於倫理。故綱領有三，而事惟一貫。顧國人受晚近西歐文化感染者，又復爲之分別新舊，必謂民主與科學乃西歐之新起，惟倫理屬中國之舊傳。甚者則謂復興文化也以開新，非以復舊。則是蔣公之號召文化復興，亦如孫先生之提倡三民主義，其精義所在，似亦未能驟得吾國人全體之瞭解，而尚有待於繼此之闡揚與探究。

三

昔孔子有言：「不仁者，不可以久處約，不可以長處樂。」人生爲況，千態萬狀，大別則不外「樂」與「約」之兩端。在兩次大戰以前，西歐諸邦，如英、法，如德、意，言其內部，民生安定，物產豐盈，較之並世，已爲樂境。然此諸邦不能長處，角逐無已，自毀前途。若問何以至此？則惟有「不仁」二字可以道出其癥結。若我中華，自鴉片戰爭以下，綿歷百戰，處約已極；途窮思變，而不循其本，民族傳統文化，棄若敝屣。自「新文化運動」以來迄於今日，事物新者皆珠玉，舊者皆瓦礫。古聖先賢所昭示，歷史大訓所常垂，排拒惟恐不盡，譏議惟恐不竭。顧不思苟無文化傳統，復有民族前途？赤禍泛濫，正此之由。究其底裏，亦復「不仁」二字之爲心害者有以致之。

孟子曰：「仁者，人之安宅。」人惟不仁，故雖有安宅而不居。今日之世界，亦惟「不安」二字可以形容。舉世不安，乃求登上月球。就科學功效言，可謂曠絕千古；就人道業績言，則實無補當前。亦惟舉世不仁，故乃舉世不安。有處樂而不安者，有處約而不安者。處境相異，而其爲不安、不仁則一。乃至一切不可以長久。於是則惟有一途，求新求變，惡舊惡常。惟一不可違背者，則曰科學眞理。然科學眞理亦必有常不變。抑且科學發明，縱極日新月異之能事，亦不能使人生爲況無約、樂之別。而且人有性情，每一事物境遇，有其好惡，有其取捨，不能全決於物理而求得一致。苟其昧蔑性情，專尚物理，則人道終難建立。人道無常，斯無眞理可言，而惟變是趨，惟新是尚。顧乃目此爲「現代化」，然現代化乃是一「不安化」。現代不可長久，現代之後復有現代追踵而來，其間無一刻之停。人生惟知直視向前，不知回顧向後。向前又惟知其急促而短時期者，不知有通前後、一古今之「前」。人心不安，又增成人心之不仁。人心不安、不仁，乃無樂無約而皆不得長久，而一惟以求新求變爲務。今日之人心世事，寧非如此？即有不如此者，亦將同趨於如此。何以故？因無人道文化眞理之共信故。

惟吾中華文化，乃以人心之仁爲其主要中心。此所謂「仁」，乃在科學之外，民主之上，而一切倫理則莫非以仁爲歸。願吾國人，且莫一心向外，只問變不變、新不新，且先轉心向內，捫心自揣，忖心自度，吾心安不安，仁不仁？惟仁可以安，安己乃可以安人，不論處境約、樂，皆可長久相安。而復興文化之道，亦必於是乎發軔。

四

惟吾蔣公，獻身國家民族逾四十載，自黃埔練軍以迄北伐統一，乃至於對日抗戰，以及來臺從事約反共復國之大任，凡所經歷，處樂時暫，處約時久。然而吾蔣公履道堅貞，安固如常，夷險不二。作之與樂，固已一以處之。孔子又曰：「仁者壽。」而吾蔣公號召復興中華文化，又不僅爲國家民族作救星，亦將爲世界人類闢坦道。其爲仁術，乃大莫與倫。凡吾國人，惟當一心一德，即以蔣公之所號召爲號召，即以蔣公之所踐履爲踐履；斯其所爲蔣公壽者，宜莫大於此。敬獻微辭，以與吾國人同申無盡之祝忱。

（一九七三年十月三十一日青年戰士報）

蔣公與中國文化

一

蔣公在四月五日夜間十一時五十分溘逝，我在翌晨八時餘始從外面電話聞此噩耗，一時恍如心神失措，忽忽一室中，不知何以爲懷。越日，青年戰士報唐君突來，囑我當在蔣公靈柩奉安之日撰寫一文，由該報代爲刊載。乃始愀然自念，雖此心在惶愕悲痛中，然國人亦同此悲痛；凡意欲聞我有言，我雖不知所言當何從說起，亦終不宜於無言。因應唐君之約。其下午，聯合報于君來電話，又邀我特撰一文，在該報刊載，並指定要我寫「蔣公與中國文化」一題。我念于君此題，非可泛泛握筆，亦恐非我所能勝任；但以已應唐君之請，遂亦勉允不辭。而翌日上午，中央日報副刊王女士亦來電話，要我爲該報副刊撰一文，並亦擬定題目，要我寫歷年來有關我個人謁見蔣公之回憶。我又自念，蒙蔣公過知，歷年來屢荷召見，一經回憶，固屬歷歷如在目前；但以我愚陋無用之姿，無可報稱於蔣公垂顧之萬一，除此心常抱慚負外，實覺無他可言。而國人悲痛之情，凡屬蔣公生平，關切所及，無微不至。而蔣公平日禮賢下士，謙恭敦摯，盛德之所流露，雖求之史册，擬之當代，亦少其例。我烏能爲一心慚負之私，而默爾以息？遂亦允之。我乃以兩日之間，率允連撰三文。①喋喋於悲痛中，亦恐終不足以道達我私衷之萬一，則希讀者之見諒。

二

欲瞭解一時代人物，同時必當瞭解此人物所處之時代。欲瞭解一歷史人物，同時必當瞭解此人物在其所占之歷史篇幅中所應有之地位與其意義與價值。我蔣公，不僅爲當前一時代人物，更應爲中國一歷史人物。在中國四千年歷史傳統中，有此一人物參加，當常與歷史永垂不朽。欲求急切瞭解，事固不易；然幸與此人物同生一時代中，姑就所窺，約略抒述，亦足爲同時及後代人求爲知人論世之學者作參考。

① 編者按：即本篇及附錄一篇，又下篇蔣公奉安誄辭。兹在先生遺稿中又得現代中國之思想界一文，未詳其是否已經發表；至其内容，則頗與本篇雷同。今另將之收載於本論叢（九），讀者可比觀焉。

竊謂此一時代，乃中國歷史上前所未有之一大變動時代。尤其有關文化傳統之思想觀點方面，震盪搖撼，紛歧錯雜，更爲前世所未見。遠自民元前七十年鴉片戰爭，民元前六十二年洪秀全起事，外患內憂，交乘迭起，中國已處於一不得不變之時代。而萬變不離一大關鍵，是即爲中西文化之新舊衝突。洪秀全固是一民族革命者，然尊耶穌爲「天兄」，自稱「天弟」，國號「太平天國」，又自稱爲「天王」，實創中國自古所未有。亦有新政，如禁婦女纏足、禁蓄妾、禁娼妓、禁賣買奴隸等。而亦所至焚學宮，毀孔子木主，燒廟宇神像，關、岳皆所不免。曾國藩起湘軍，檄討洪秀全，謂其「舉中國數千年禮義人倫，詩書典則，一旦掃地蕩盡」。乃號召一輩讀書識字人起爲中國文化傳統求爭存。今試粗略言之，洪秀全亦可謂其代表一百二、三十年前之「革新派」，曾國藩乃爲當時之「守舊派」。此下前清咸、同、光、宣四代，以至民國以來，革新、守舊，要爲時代一大爭執。惟要之則必有變，此則爲兩派之共同歸趨。

有主從中國自身內部變，並以迎合世界新潮流，採納西方新風氣，而求仍不失我自己之舊傳統，今當稱之爲「和平穩健派」。有主先破毀自己舊傳統，以便世界新潮流、西方新風氣得以輸入，此則以破舊爲手段，以創新爲目的，今當稱之爲「激烈急進派」。此兩派，在大體上，同主中國之變，本可會歸合一；而論其內情，則甚爲複雜，驟難作一明顯之劃分，因此亦驟難得一妥愜之調和。

在清末民初，孫中山與康有爲，又形成爲對立。中山先生力主革命排滿，在其政治立場上，似近洪秀全；然從其文化立場言，則近曾國藩。試觀其手創之三民主義，亦盡量迎合世界潮流，採納西方風氣，極多開新之一面；然其崇重中國自己文化舊傳統，只主在中國文化傳統中求變，絕不有破毀自己傳統以爲變之主張與理論之迹象，此則明白甚顯，大家可以讀其書而自知。

但康有爲則不然。康有爲主維新變法，不主排滿革命，在其政治立場言，似近曾國藩；而其在文化立場上，則頗似近於洪秀全。康有爲在前清時，著有新學僞經考、孔子改制考兩書，曾遭清廷下令焚禁。此兩書，雖若承襲道、咸以來經學中「今文經學」之餘緒，而其内容則已越出舊範圍甚遠。其對傳統破壞之力乃特甚。依其書之所言，中國相傳經典，幾乎全盡出於西漢末王莽時代劉歆一人所僞造；而中國古史唐、虞、三代聖帝明王生平事蹟，亦出於孔子之「託古改制」。如此說來，則曾國藩之所謂「舉中國數千年禮義人倫，詩書典則，一旦掃地蕩盡」者，豈不可移以責康氏？而康氏又爲大同書，其書中所理想之社會，曾氏所謂「禮義人倫一掃蕩盡」者，尤屬信而有據。

故清末民初思想上之兩大派別，中山先生貌似急進，實當屬和平穩健派；康有爲貌似守舊，實當爲激烈創新派。如中山先生之和平穩健，就求變言，其進度不得不較緩。又兼以袁世凱洪憲稱帝，革命路途受挫，一時更不滿急進者之希望。於是「新文化運動」接踵繼起，轉政治革命爲文化革命，「打倒孔家店」、「禮教喫人」、「非孝」，乃至「全盤西化」等口號一時甚囂塵上。康有爲自復辟失敗，其政治生命已告終，而自知其學術生命乃正如日中天，於是避居北京美國公使館，重印其新學僞經考，與新文化運動「疑古辨僞」之一派作桴鼓之相應。其實疑古辨僞，乃即承此書而來。

又且於守舊中開新，其事須種種條件配合；又須得大智慧者作領導，按部就班，積以歲月，乃得有成。若以破舊爲創新，破舊之事，一若人人能爲。而中國社會傳統風尚，重視在野之學術，尤重於在上之政治。一時風氣所趨，中山先生雖手創民國，多數人乃僅目以爲屬於政治事業；而康有爲則以學者思想家之頭銜，轉易獲人之注意。

抑又有進者，當時之所謂以破舊爲創新，實亦未必與出洋留學有密切之關係。我在大陸時，獲交留學歸來者並不少，其中極多篤舊懷古，不滿當時從事新文化運動之所爲。而極端主張推翻文化，破除舊傳統，作爲驚動一世之新言論者，其人或未出國門一步，不識西文，不能讀西方書；其所眞接觸之所謂世界新潮流、西方新風氣，實殊有限。見其表，未見其裏；知其一，未知其二。即以孫中山與康有爲相較，中山先生所知於新的一面者，其超過康氏何啻十、百倍以上！康氏亦曾遠遊歐洲，及其歸，著爲歐洲十一國遊記，其崇舊抑新之情，乃大異於往昔。然其所知於舊者，實亦未嘗能益增於其往昔之所知。又如「隻手獨打孔家店的老英雄」四川吳虞，其所接觸之新知識，較之康氏，更復遠遜，幾不當相提而並論。欲守舊不能不知新，欲創新亦不能不知舊。中國舊傳統，已歷三、四千年之久，若果茫然不知，試問從何處可以急切破得？若論新，歐美諸邦亦復有同有異，有得有失。而第一次大戰後，已與大戰以前不同；第二次大戰後，直迄於今，又復與以前有大不同。我固仰慕於彼，求所效法：取捨從違，抉擇之間，其事必首當重知識。今不務好學深思，徒曰「任開風氣不爲師」，則譁衆取寵，受其害者，厥爲一代之青年，而國運乃亦隨之以俱頹。

新文化運動之後，繼之有共產主義之披猖。共產主義得在中國生根發脈，不得不謂其先起之新文化運動有以啟其機。此即從陳獨秀一人之先後轉變，可以作證。

三

早在中山先生生前，共產思想已泛濫，而身當其衝者則為我蔣公。遠自北伐，直至於今，五十年來，為國家民族莫大威脅者，軍閥之割據，日寇之入侵，皆屬其次；而國內思想界之混亂，共產主義之潛滋暗長，江西井崗山之頑抗，二萬五千里之流竄，心腹之患，實莫大於此。默觀蔣公生平，其幼年之家庭以及學校教育，薰陶於中國文化傳統中者，已至深且厚；自追隨中山先生，出膺重任，而所守益堅，所向益定。就其在文化思想方面之立場言，蔣公始終站在和平穩健路線之中堅。其明白提出「復興民族文化」之口號，固屬近年之事；而其向此目標而趨赴，則可謂畢生以之，曾無絲毫曲折反覆可言。而不幸國事蜩螗，此伏彼起，曾無寧日。孔子曰：「季孫之憂，不在顓臾，而在蕭牆之內。」近代中國一百三十年來之殷憂大患，則不在外面之帝國主義，不在內部之軍閥紛爭，主要乃在全國思想界始終未臻清明寧定之一日。中西新舊，在文化上之何去何從，若有對立之兩面，而實未顯出此對立之兩面。葛藤相糾，既不能以快刀斬亂麻，亦急切不能條分縷析，理出一頭緒。生於其心，害於其政。在此近代中國一百三十年來全國人心，正可以一「亂」字蔽其全。心亂於下，烏得政定於上？中山先生言：「革命須先革心。」繼此以往，如何安人心而定一向，要當爲建國立國、邁入新運之唯一大基礎。

中山先生乃至我蔣公，綜觀其平生言論行事，雖可以「革命」二字包舉，然其革命對象，則決不在民族文化傳統上；此則不待煩言而可知者。然中山先生乃及我蔣公，亦決非可以「守舊」二字加之；凡屬世界新潮流、西方新風氣，爲我所當迎合採納者，何嘗不一一加以迎合而採納？惟我民族之文化傳統，實有不可不守、不可全破之大綱節所在。然而如何調和折衷，又貴隨時變通，隨事斟酌，非可一一預加以具體之規定，使人人以俱知。

就中國文化言，本富變通性。從歷史言之，自西周而春秋，而戰國，而秦、漢，而魏、晉以下迄於元、明、清，其間何嘗非時時有變？而亦時時可通，要自有其大傳統之一貫相承。史迹具在，不難闡詳。惟此一百三十年來，乃不斷有激烈急進之意見，若惟求能徹底一變以爲快者；而又爲事理之所萬萬不可能。即就此一百三十年來種種言論行事觀之，又已彰灼而可證。

中山先生又言「知難行易」。不幸我國人此一百三十年來，都不免好其易而惡其難，而尤以知識分子之領導階層爲然。我國家此一百三十年來，乃不易找出少數能畢生潛心埋首從事於學術思想知識方面之深沉尋究之學者，以應此一時代之需要。古人言：「作之君，作之師。」爲君在上，當盡其政治領導之責任；爲師在下，當盡其知識領導之責任。上下相配合，相呼應，而後政治、社會始得上軌道；全民心力，始得求一致。如最近此數十年來，共產思想之橫決，一輩學術界知識分子，其無力於疏導排拒，亦豈無責可言？學術上有疏導、有排拒，是爲「曲突徙薪」；政治上作殺伐、作征勦，此已「焦頭爛額」。就於中國文化傳統之影響，社會心理尤更重視在野之學術界。而近代西方潮流，主張「言論自由」，實亦與中國文化傳統有其相符相通之處。今以一思想龐濁之社會，缺乏一批清明寧定之知識界、深厚穩健之學術界，默默主持斡旋；而一面又復昌言民主，報章、雜誌，羣衆意見豈不易於表達？則縱復有英明偉大之政治人物之領導，豈得望其指揮若定，有「唯我馬首是瞻」之效乎？我蔣公在其出而擔負國家重任五十年中，戎馬倥傯，軍事叢脞，迄未有寧。然而始終不廢讀書，兼及著述。其所讀所述，一皆我中華民族文化傳統精旨所係。其好學不倦之精神，求之古今中外一國元首，能相媲美者，殆已少之尤少；亦可謂除中山先生外，乃絕無其比。故中山先生之與我蔣公，論其兩人之人格與其生平志業，皆足可當我民族文化傳統之代表。而中山先生與我蔣公兩人之所抱負與其所擔任者，皆未躋於成而中道崩殂；六十四年來之國運，乃仍待後人繼起者之努力。今當我蔣公齎志崩逝，全國悲痛之餘，竊不自量，敢以其積年治史所得，就其平素對於此一百三十年來近代史之看法，承聯合報主編命題，率抒所見；實亦此下仰承我蔣公遺囑，所當努力從事之一要端。所言之是否有當，以待國人賢達之教正。

（一九七五年四月十二日聯合報）

〔附〕屢蒙蔣公召見之回憶

一

蔣公崩殂，舉國悲痛。我在翌日清晨聞訊，內心震悼，不知所措。日常閱覽寫作，無可持續，惟坐電視機旁，看各方弔祭情況，稍遣哀思。乃經各報社敦勉撰文，並皆指定題目。竊念各方哀思如是之殷，凡屬欲我有言，此皆關切蔣公生平之無微不至，我何可默爾不答？此一範圍，乃中央副刊所建議。更念我以愚迂無用之姿，數十年來，屢蒙蔣公召見，在蔣公禮賢下士之心，盛德之流露，正其承續我民族文化傳統大道之一節；而在我自問，何所報稱，實無以仰副蔣公盛德誠意之萬一。每一追溯，惟增慙負之私疚，更何顏面瑣瑣道達於國人之前？

繼又思之，蓬蓽雖陋，亦既同受陽光之和煦照耀，何可以自慚蓬蓽，而諱言陽光之和煦？抑自我去年作爲八十憶雙親一文，各方渴盼我於平生經歷續有撰述；而屢蒙蔣公召見一事，厥爲我平生經歷中一大事，必當述及。今於悲痛中作此追溯，既可稍釋我之悲痛於百無聊賴之中，亦可稍慰與我同悲痛者有欲知其事之所望。爰敢不辭，述此回憶。

二

我見蔣公，最先在民國三十一年。前一年春末，我在四川樂山武漢大學作短期講學，嗣又耑赴靑木關教育部開會。會畢，留在中等學校教師暑期進修班授課。事畢返成都，忽得教育部來函，述委員長於報端見我在靑木關消息，電話召見，詢我是否能於短期內再往？我覆函：委員長軍務倥傯，不願以我愚陋，無可獻替而輕應召，以枉費委員長之精神。並恐委員長因見我愚陋，而減少其對學術界之興趣與信心，此責更不敢當。此下遂無續訊。是爲我蒙召見而未獲晉謁之一次。

翌年秋，時我居成都北門外二十里許之賴家園，四川省政府特派人持函來，告以委員長來成都，囑於翌日下午赴城中某處謁見。是日應召到者約逾一百人。委員長在臺上，召見者列坐臺下。委員長唱一名，其人即起立，垂詢應答，各不超過一、兩分鐘，歷兩小時而畢。是爲我親瞻蔣公顏色，親聆蔣公聲音之第一次。

翌日上午，蔣公又召見於成都軍官學校。我於十時到，候見者尙留十許人，分別晉謁，約五分鐘另召一人，我最後。在十一時晉謁，坐定，私瞻蔣公神采奕奕，若無倦容。是晨所談，專涉宋明理學方面，尤其爲清初明末遺民顧、黃諸家。所談之詳，已不盡記，似從垂詢有關於傅靑主某一事談起。對我已往經過，學歷資歷，均未問及。更無一句通套泛語。回憶當時社會相識、不相識人都說我專治史學，而蔣公當時和我初次見面，卻即談到理學上，而這正是我內心平日最看重、最愛研究的一項學問。我雖第一次獲見政府最高首領，又爲我平日素所崇仰之人，但談話不到數分鐘，已使我忘卻一切拘束，懽暢盡懷，如對師長，如晤老友，恍如仍在我日常之學究生活中。猶憶是晨談話，亦有兩次詢及我私人方面者，但亦從前面話引端觸機，並非突發詢問。一因談及顧、黃之不仕清廷，蔣公問我：「是否對政治有興趣？」我答：「我治歷史，絕不會對政治不發生興趣。即如當年顧、黃諸人，他們儘不出仕，但對歷史上的傳統政治都有大興趣。其對現實政治乃至此下可能的理想政治亦都極大關心。」又一次，因談及理學少爲現代人注意，蔣公又問我：「是否能講英語？」我答：「不能。」當時詢及我私人者，只此兩事。

是晨談話，自十一時起直過十二時，侍者報午膳已備，蔣公命我同餐。過至別室，餐桌旁備兩座，一座背對室門進口，一座在右側。我見坐椅不同，即趨向右側之座，乃蔣公堅命我坐背向室門之一座。我堅不敢移步，蔣公屢命不輟。旁侍者告我，委員長之意，可不堅辭。余遂換至背對室門之座。侍者見我移步，即將桌上預放碗筷互易。我乃確知此座乃預定爲蔣公座位，心滋不安，但已無可奈何。蔣公坐，我亦坐。進菜乃中餐西喫，皆盛以小碟小盌，湯菜三、四品，皆江、浙家常味。末進小點。蔣公命我一一皆盡。有鹽鴨蛋，蔣公尤特命我品嘗。蔣公是日食量亦佳。席間轉換話題，談及時事。我告蔣公：「歷史上外族入侵，如五胡，如遼、金，如元，如清，或割據一部分，或吞併全中國。此次抗戰，賴委員長堅貞英明，勝利有望，洵屬歷史上曠古未有之奇蹟。他日光復回都，若荷國人諒解，委員長獲卸仔肩，退身下野，爲中華民國首創一成功人物之榜樣，亦將增進國人無上信心，俾得逐步向前。委員長亦得稍減叢脞，在文化思想、學術教育上領導全國，斯將爲我國家民族一無上美好之遠景。」蔣公點頭稱是。

飯畢，仍回前室。蔣公將口中假牙置桌上，仍續有談。約十分鐘離坐興辭，蔣公親送至門口。是爲我第一次之謁見。

三

是年冬，陳布雷先生來成都養病，告我云：「明年春，委員長必將召君去重慶，爲期當不遠，當先準備。」翌年春，果奉召赴中央訓練團演講，下榻復興關。蔣公晚宴於官邸，獲見政府要人不少。宴前，蔣公先與我有一番談話，問：「認識吳稚暉先生否？」我答：「我認識吳先生，曾在無錫一師範學校任教時，吳先生來演講，我在臺下認識其面。然吳先生並不認識我。」蔣公云：「不然，彼知汝甚深。彼屬年長，當往拜候。」我遂於翌日，初次謁見吳先生。

又明年冬，蔣公再召我赴中央訓練團高級班演講，仍獲召宴於官邸。蔣公於前年曾命教育部派人編撰宋、元、明、清四朝新學案，俾便社會羣眾閱讀。宋、元、明三代，由黃、全兩家舊學案中刪節；清儒學案須有新編。我奉命任此事，限時半年，限字四十萬。我歸成都後，窮日夜趕寫此學案。

適有友人赴西安，爲我遍搜關學方面之著作，得二十種左右，極多流傳少而不易得者。我之清儒學案，最於關學方面，頗極用心鉤稽。書既成，因當時物力艱，未寫副本，即以原稿寄教育部。所得關學諸書，則全數移藏於成都之四川省立圖書館。此次見蔣公，蔣公尚憶前事，問：「清儒學案成稿否？」我答：「已成，並已寄教育部。」教育部長陳立夫先生時亦在座，蔣公面囑即速付印。惟四朝新學案之印刷，聞由國立編譯館任其事，按先後付印；猶未及我之清儒學案，而抗戰已獲勝利。此稿乃聞於回都途中沉於長江。我所留，則僅目錄一篇。

此次與我同赴中央訓練團演講者，尚有馮友蘭、蕭公權、蕭叔瑜，四人同一室，同在復興關過陰曆年。元旦之晨，蔣公特降臨，適逢開飯，菜餚四色已放餐室桌上，蔣公臨行前，一一揭蓋視之，頷首曰「尚好」而去。

四

以上爲我兩次謁見蔣公於重慶，此後即未再去。三十八年春，我南下至廣州；夏間轉往香港，創辦新亞書院。蔣公聞其事，復來函召。我於一九五〇年冬來臺北，由經國先生爲我下榻於勵志社。翌日之午，奉召至士林官邸。時值大陸派伍修權去聯合國，蔣公在「總統府」開會，屢次電話通知邸中，會議未畢，稍緩即歸。蔣夫人先以點心款待。蔣公返邸，已在十二時半，即賜陪餐。回憶前在成都、重慶屢獲陪餐侍宴，較之今日，情形又大不同。所喫乃配給米，只稍後在經國先生家，亦同喫配給米。其他場合，乃至沿街買食，皆非配給米。我歸香港後，常以此告之相識。

蔣公席間，垂詢香港及新亞情形。我之此來，本爲新亞經濟困竭，擬懇政府援助；然不願向蔣公申述，只詳告香港之一切。此後在「教育部長」程天放先生家晚餐敍談，「行政院」、黨部、僑委會各有關機構皆參加。我報告新亞經濟情況：學生百分之八十以上皆免費。教師薪水，從我起，一律以任課鐘點計算，一小時港幣二十元。我一人任課最多，得最高薪，亦不超過港幣兩百元。全校只一職員，無工役，一切打掃雜務全由學生分任。惟薪水及其他雜費，如水電、紙筆、郵費等，最低非港幣三千元不足維持。偶商得捐助，支票皆不肯開收付雙方名字，以此備極困難。當時預會人表示，新亞員生，絕大部分皆來自大陸，政府當絕對支持。經濟最低限度所需，政府必照額支付。惟是晚「行政院長」陳辭修先生不在座，當俟報告再作定案。「總統府」秘書長王雪艇先生發言，奉蔣公面諭，新亞津貼，可由「總統府」辦公費中劃出與政府所給對等之數。今所定按月港幣三千元，「行政院」方面須待「立法院」通過，「總統府」方面即可按月支給。此後新亞經費，幾乎專仰「總統府」之辦公費救濟。直待數年後獲得美國耶魯、哈佛兩大學援助，始由新亞自動請「總統府」停撥。

此次晉謁，蔣公又詢見吳稚暉先生否？告以初到，尚未往拜候。蔣公又言：「吳先生年老，汝當往。」於是遂再謁吳先生於其臺北之寓廬。

五

此後我每年必來臺，每來必蒙蔣公召見，或賜茶，或賜宴，從容垂詢，必歷時始退。某一次，由經國先生陪赴官邸，蔣公尚在「總統府」未歸。稍後至，我起立敬禮後，蔣公未就座，逕返內室，換穿長袍馬褂再出。我心慚惶無地。因我初到香港，僅有隨身舊袍，間或改穿短裝西服。此次之見，已不記是長袍或短裝，要之未備袍褂禮服。蔣公是日，本穿中山裝返邸，乃改易袍褂見我，我何以自容？自後不憶在何年，經濟稍裕，始製藍袍玄褂，亦不再製短裝。至今此事，尚使我懷憶無窮。

一九五二年四月十六日下午，我在淡江學院驚聲堂爲聯合國同志會演講，塌屋受傷倒地。失血過多，不省人事，絲毫不知有痛，亦不知已轉去中心診所，其他一切更全不知。但明明耳邊有三次聽覺。一聞聲云：「我是黃伯度，代表蔣公前來慰問。」一聞聲云：「他已死了。」事後乃知指故立法委員柴春霖。一聞聲云：「今送汝至手術室。」翌晨醒來，乃知在醫院，因問護士：「我尚有聯合國同志會演講未去，何以來此？」經數日，始漸漸記起演講事，然至臨塌屋前一、兩分鐘即全不記憶。乃此三聲，明白在我腦際，但亦不連貫知爲何事。此亦可怪。

又憶一九五九年夏來臺，蔣公交我閱讀其科學的學庸之稿本，命我遇有見可逐條指出，以便改定。我在寓處細讀完後交上。一日，蔣公召見，謝我指正。我說：「蔣公書中微言大義，當待後世學術界公評，穆何敢措一辭！」只指了些筆誤，如「有子曰」誤寫作「孔子曰」之類。蔣公連說：「這那裏是小錯！這那裏是小錯！」

同年九月又來臺，爲國防研究院講「民族與文化」。一日上午，蔣公來研究院，蒙召見。我適上一堂下課，院中告我，今晨蔣公召見人極多，大概接談時間不多；下一堂課，可稍緩一刻鐘或二十分鐘再上。我到候見室，坐候者約可二十人左右。先一西人應召，約五分鐘即續召及我，直談至午刻。此下各人，殆已改時再召矣。蔣公問我：「此次選舉，汝是否有反對我連任之意，並曾公開發表文字？」我答：「無此事。」蔣公隨起身向書架取書。我言：「蔣公勿再檢此書，應是我一九五〇年初到香港時所寫向政府進忠告，並非爲選舉總統事而發。」我又言：「我曾面勸蔣公抽身下野，乃在成都初謁蔣公時所言。」蔣公言：「汝那次所言，我常憶在心。或許汝當時所言，誠對國事有益。今且問汝對此次選舉之意見？」我答：「今已時移境易，情況大不同。此待蔣公英明，內定於一心，斷非他人所能參預其意見。我當時勸蔣公下野，因見中山先生手創民國，開歷史上未之前有之大業；而此下形勢所迫，廣州再起，在國人心中，一若仍爲一未成功人物。此對國人對我民族國家前途信心有損。蔣公抗日成功，亦歷史上前所未有之一大勳業。若蔣公在勝利後下野，明白昭示一成功人物之榜樣在國人心中，或可於國家民族前途有另一番甚深之影響。我當時意見只如此。然而情勢所迫，以至今日，蔣公在此奠定一復興基地，此又是蔣公對國家一大貢獻。然而多數國人，終不許蔣公不繼續擔負此光復大陸之重任。擔負此重任之最適當人物，又非蔣公莫屬。穆私人對此事，實未能有絲毫意見可供蔣公之采納。」蔣公聽我言，屢頷首，不作一辭。平日蒙蔣公召見，我每直率陳辭，蔣公亦不厭往復。此晨我說話已多，已屆午刻，遂告辭而退。及今回憶，事又隔十六年之久。蔣公在此十六年之中，決心肩負此光復大陸之重任；大陸水深火熱之億兆同胞，應無日不想望蔣公之重蒞。而蔣公今日遽此溘逝。自民國以來，我國家民族多災多難。中山先生與蔣公雖勳業彪炳，將來必長垂史籍；然此兩偉人之生命與其心情，乃長與我國家民族以及我億兆同胞乃同在此多災多難中渡過。今我國家民族以及我億兆同胞，乃仍將有一段多災多難之命運與心情之持續。然亦仍必有其國運昌隆以及民心安泰之前途，一如中山先生與我蔣公平日所想望與所抱負之必然到達。此則有待我全國人民對我國家民族之歷史文化傳統，乃及此兩偉人生前之精神生命，有其更深更切之瞭解與信仰。此誠古今中外每一國家民族所希遘難遇之奇蹟也。

我在一九六七年決心回國長住。先二月，回國選擇地點，在士林外雙溪東吳大學之東側，向陽明山管理局借租公地。蔣公聞之，命陽明山管理局依我擇定地點用公帑建賓館，許我暫居。七年來，獲得杜門潛修，炳燭餘光，積有百萬字以上之著述。凡我愚陋，所以報我蔣公生前特達逾分之獎誘於千萬分之一者，則亦惟此而止耳。

含淚憶述，哀何能已！

（一九七五年四月十六日中央日報，題目爲該報指定。）

蔣公奉安誄辭

蔣公之逝世，舉國悲痛，如喪考妣。薄海僑民，亦同此悼傷，如失依存。更不知大陸七億同胞，在水深火熱中，聞此噩耗，失其想望，其內心之震悼，更何以堪？然念蔣公以一身負國家民族存亡絕續之大任，已五十年。艱難險阻，辛苦憂患，所謂「宵衣旰食」，「一日二日萬幾」，古人所以形容一國元首之勤勞政事，遍考歷史，殆無其匹。即論社會民眾，持家創業，類此瘁瘏，亦少有之。乃蔣公以堅貞剛毅之姿，不懈益勵，不怠益奮，而上躋耄耋之高壽。斯固稟賦居其半，修養居其半。一日勸勤，投大遺艱而遽去，此亦生理自然，有非人力所能挽者。然古人有云：「骨肉歸於土，魂氣則無不之。」蔣公德、功、言三不朽，其精神人格，永當長在人間。其遺囑備舉四大綱：一曰「實踐三民主義」，一曰「光復大陸國土」，一曰「復興民族文化」，一曰「堅守民主陣容」。凡此四綱，皆蔣公畢生志事所寄，亦係我中華民族當前精神生命之所託，亦我全國上下民心眾意之所歸。蔣公畢生志事，實已融入於我全民內心之共同深處，亦已融入於我中華民族歷史文化之傳統大道中。民心不死，民族文化不絕，斯蔣公之精神人格及其精神生命，亦將永生在此民心、史統中，永生不滅。先就人心言，今日我舉國上下之哀悼心情，他日者，各自反躬一懷念，豈不蔣公之生命，依然尚在吾各人之心中？此事近而有據，可不詳論。試言歷史，民國十三年冬，國父孫中山先生扶病北上，奔走和平統一，於十四年之春病逝北平協和醫院，靈柩奉厝於北平西山之碧雲寺。全國哀悼未畢，而蔣公北伐大纛，已於民國十五年秋在廣州高揭。當年蔣公移師北伐之志氣，即中山先生生前之志氣。蔣公統一事業之完成，亦即中山先生生前事業之完成。故中山先生之肉體生命，雖於民國十四年之春終了；而中山先生之精神人格及其精神生命，則至今尚在，不隨肉體生命而俱了。此事距今只踰五十年。今日蔣公靈堂即設置中山紀念館，其靈柩將暫厝於桃園大溪鎮之慈湖，是即猶之五十年前北平西山之碧雲寺。蔣公以五十年來之志氣事業、精神人格與其精神生命，實長日追隨於中山先生生命之後，而亦步亦趨，永隨不捨。他日蔣公靈骨重返大陸，舉國奉安之哀榮，斯乃指顧間事。而蔣公精神人格、精神生命之又一特出處，厥爲其矢志反對共產主義之一節。共產主義之猖獗，僅爲一時波瀾，而蔣公乃爲全世界全人類當前反共一大導師，在今日自由世界之妥協姑息潮流中，不啻爲中流一砥柱。其深入世界人心，亦已於蔣公逝世後，各國悼唁電訊之臨存，而可證世界人心之所向。他日者，我國土光復，世界共產主義日就消散，回念此一段歷史經過，蔣公靈骨萬年安厝之地，終亦將爲舉世珍重自由、懲創於共產唯物階級鬭爭爲禍人類之烈之人士一朝拜之聖地。此亦就於世界人類歷史文化演進之大道，而可不待蓍蔡，逆覩其必有如是之一日也。然而「人能弘道，非道弘人」，凡蔣公遺囑所揭舉之四大綱，誠爲吾國人全民上下所當共同遵守奉行之大道。必當吾國人各以蔣公之精神人格爲我各人自己之人格，以蔣公之精神生命爲我各人自己之生命，則道不在遠而在邇。凡蔣公遺囑所揭舉之四大綱，豈不近在目前，人人可守可行？而所謂「化悲痛爲力量」者，其力量即在此。今日值蔣公奉安之期，謹抒此義，以告我國人之同具此一番悲痛哀悼之心情者。

（一九七五年四月十六日青年戰士報）

蔣公的哲學思想第一講

一

今天承蔣慰堂院長要我來講蔣公的哲學思想。此事使我十分惶慚，不敢應承。但屢辭不免，仍然勉強來作此講。因我想，此題應能眞講出蔣公的哲學思想纔是，若僅能講我所知道的、或甚至我所認爲的蔣公的哲學思想，則不免把我私人主觀加進去，那對蔣公爲大不敬，對今天來聽講的諸位亦屬罪無可辭。但我之所講，無論如何，怕仍是講的我所知道或我所認爲的，而於蔣公的哲學思想之眞正內涵，無當其高深之萬一。此實使我惶慚無地。

不得已，我只想在蔣公的專著或講演中，挑一篇來講。如此，庶可避免多加進我個人私見，而較可更接近蔣公的本意。諸位聽我講後，只把我所根據的原文一讀，我之錯誤所在，也不易逃藏。若我多所稱引，加以組織，像是很用心，其實反而易於羼進我個人的淺薄私見，便於躲匿，連我自己也不易覺察。故我寧願採取前一方式。固不認爲我今天所講，即可包括了蔣公哲學思想廣大高深之內容；但至少盼能減少錯誤，窺豹一斑。諸位循此推尋，亦不致因我淺薄，而誤入歧途。這一層，我應在講前先自聲明。

我此次所講，將止限在蔣公大學之道的一篇。此一篇，開始在民國二十三年九月在廬山軍官團所講。此後在一九五九年十二月，又在臺北國防研究院再講。後又在一九六二年九月、一九六三年八月，經蔣公三次、四次的訂正，印成爲科學的學庸一書之前半部。前後共歷二十九年，應可認爲蔣公極所用心的一篇。尚有中庸要旨一篇，乃民國二十五年三月在南京陸軍大學所講。此後亦與大學之道一篇同經三次訂正，合成爲科學之學庸之後半部。前後亦歷二十七年。此次爲時間關係，暫不連帶講述。

二

我講蔣公的大學之道，首先應指出的，蔣公的思想，乃是直承國父孫中山先生之思想而來。蔣公自己說：

幼年讀大學、中庸，不知背誦過多少遍。十八歲在箭金學堂，顧葆性先生再要我重新讀大學。我認為大學不過是帝王統治天下的一套腐朽空論，厭了，不願再讀。

如此一擱十年，直到民國三年，蔣公年二十八歲，始聽孫總理講：

大學乃是一部很好的政治哲學，把一個人從內發揚到外，由一個人的內部做起，推到平天下止。像這樣精微開展的理論，無論外國甚麼哲學家，都沒有見到，都沒有說出。這是我們政治哲學的智識中獨有的寶貝。

這一段話，見於中山先生「民族主義」之講演中；而蔣公大學之道便引述此一段話作開始。蔣公並說：

那時正是第一次革命慘痛失敗之後，我從此對大學徹底研究。到民國十二年，我將研究心得，做了一對聯請總理看。聯云：「窮理於事物始生之處，研幾於心意初動之時。」中山先生即手書此聯以贈。

這裏已隔了九年。若從蔣公初聞中山先生講大學之道，到其七十七歲第四次訂正其手著的大學之道出書，則前後共已經歷了四十九年。

又在民國二十一年五月，在南京中央軍官學校講革命哲學的重要中說：

> 總理的三民主義，他的革命哲學，可以說是拿大學來做基礎的。

這一講演，尚在廬山開始講大學之道前兩年。其他類此說法的尚多，茲不列引。

我第二件想指出的，蔣公不僅是中山先生三民主義惟一能信服而加以闡揚而引伸的人，蔣公也不僅是中山先生以後現代中國政治上的領導人，蔣公更是在中山先生生前開始即負責軍事領導而終生以之的人。所以蔣公自己又說：

> 自我對大學徹底研究後，更體會到這部大學乃是一部最有價值的軍事哲學。

他又說：

> 王陽明是一個大哲學家，同時也是一個政治家與軍事家。

大家知道，蔣公治學，是極尊王陽明的。而他的大學之道的講演，也是在廬山軍官團開始的。這裏並可說明，蔣公的學術研究與其思想體系，乃是和其當時所負責任，身體力行，體用一源，配合無間而加以進行的。蔣公又說：

曾文正說：「打仗不慌不忙，先求穩當，次求變化。」因此帶兵作戰，最要緊的前提是定靜工夫。所以他又說：「神欲其定，心欲其定，氣欲其定，體欲其定。」可見大學一書，是一部我們做將領的人所必讀的軍事哲學了。

大家又知曾國藩也是蔣公極佩服的人。可見蔣公的思想是全由其個人的親身體驗而來融會諸家的。

我第三件想指出的，蔣公又說：

我們更要特別注意總理所說：對於大學道理，要把他放在知識範圍內來講。但自民族精神失去了之後，這些知識的精神，當然也失去了。

所以蔣公又說：

做一個人，就要知道做人的道理，盡做人的本分。現在不僅是一般軍人，就是一般學者，對於這些做人做事成功立業的大道理、大學問，沒有幾個人肯來切實重現，更無人能精研洞達，切己體察，而來竭力推行的。

這裏，蔣公把大學之道，又由政治哲學、軍事哲學，推展到整個的、全體的、一切做人做事的大道理大學問所在。所以蔣公又說：

後來對大學再不斷研究，於是我的革命的人生觀，由此更為堅強。

這裏對於「道德」與「智識」，「力行」與「致知」兩面，蔣公在其革命哲學的重要一篇講演裏，也已早把中山先生的「知難行易」和陽明的「知行合一」融會合併，認爲其都淵源於大學之道，認爲其都注重在「行」的哲學了。

我第四件想指出的，蔣公極尊重陽明哲學，但其講大學之道，則是朱、王兼採的。朱子承接二程，認爲大學有錯簡，有缺文，於是有他的格物補傳；但陽明則主張古本大學，無錯簡，無缺文。蔣公在其科學的學庸之最後訂正本，則附錄了朱子的大學章句及序文，並又附錄了大學古本及王陽明的大學問，兩說並存，不務偏守。並說：

朱子的大學章句序很重要，大家應首先一讀。

又說：

我今天亦只是以朱子章句本為主，而將其缺點以王說補正之而已。我對兩者不敢偏於一義，只是裁長補短，使其相得益彰。此為余講解大學之道的惟一宗旨。

又如大學開始，「大學之道在明明德，在親民，在止於至善」三句，朱子章句依程子說：「『親』當作『新』。」陽明則主依古本作「親」。而蔣公則說：

講「新民」，便包括了「親民」。單講親近，還不能包括革新的意思。因之，我在此，還是依照了程、朱的解釋。

又如大學八條目「致知在格物」一語，此處更是朱子、陽明重大差異所在。但蔣公說：

據朱子解釋，「格者，至也」，要對於客觀事物能隨時隨地體察明白，就是要徹底認識其事物眞理至於極處之意思。在現在的話來說，這就是科學精神。但據陽明新的解釋，「格者，正也」，就是對於一切客觀事物，皆要本內心之良知所知而判斷其好惡善惡，而決定其是非以正之。所謂「致知」云者，即致吾心之良知，而非充廣其知識之謂也。這朱子與陽明兩種說法，在外表觀之，似有「內心」、「外物」，亦即「唯心」、「唯物」之分，其實都不外乎窮理盡性的工夫，沒有什麼重大差異。

蔣公又說：

無論朱、王為學，都不外是窮理盡性，格物致知；不過其教人為學的方法，朱則要教人先研究事物而歸之約，王則要使人先發見其本心而後使之研究事物。依照今日一般說法，朱則用「歸納法」，王則用「演繹法」。朱則要由博而約，由外而內；王則要由約而博，由內而外。其實兩者皆應互相為用，能可殊途同歸。

我第五件想指出的，乃是蔣公融會朱、王兩家而提出他的「心物一體論」。蔣公說：

人為萬物之靈，無論科學進步與物質發明，以及一切政治、社會、軍事的建設，皆要由人來研究發明與使用。如今日的核子，都是由人心之靈所發明而製成的。如果沒有這人身的靈明主宰之心來發明，和人心之形體運用之身來使用，那麼這個核子，仍然是一種無用之物。這就可知，心理是物理之主，而物理不過聽命於人之心理。惟人心之本原出於天，亦即天性、天理之所在。很明顯的，無論事與物的作為與發明，必須根據吾心之良知。即如核子，如能為人類與社會福利所利用，乃為「致良知」。否則製成為核子武器，作為戰爭之用，乃為殺害人命，貽禍世界，即為不「致良知」了。因此，我以為陽明致良知以格其事物，並未遺棄其物質而專重於精神；惟事物之運用，皆須決之於其心之良知而已。陽明言「心」，並不遺「物」，他的哲學，是「心物一體」的。

蔣公又說：

至善就是眞理，亦即吾心之良知，而良知即眞理之所在。

我第六件想指出的，乃是蔣公之本其「心物一體論」而提出其對於天命、天性、天理的看法，而指出其爲中國文化的中心與傳統的哲學。蔣公說：

程、朱所謂「天下之物莫不有理」及其所謂「即物窮理」之「理」，其對物理之解釋，決非以理為外。無論人的心理與物的物理，皆由天賦之理，不過因事物之不同，而各有其定分。故天下萬物，人亦在內，皆出自於天。故其萬物之理，亦皆一本於天。此即天命之性的天理，而為萬物衆理之所自出。程、朱在中庸緒言裏說：「其書始言一理，中散為萬事，事亦物也，末復合為一理。」可知朱、王皆承認萬物之理皆出於天命之性的理，這是朱、王二派都認為理無內外之別，亦無心物之分的明證。因之，陽明在當時，雖對程、朱大學的解釋，其意見是完全對立的；但在五、六百年以後的今天，我以為此二子的哲學基礎，皆是一本於理，一本於天命之性，其在基本精神上，並無多大出入。因為中國道統哲學，皆以天理、天性為本，而且這天理、天性，不僅指人，而亦包括天地萬物在內。不僅人己不分，而且是心物一體，內外無間的。今日的物理與科學研究發展的由來，皆不能超越這一個學說。所以陽明又說：「大學者，大人之學也。大人者，以天地萬物為一體者也。」我以為，這大學一書，不僅是中國的正統哲學，而且是現代科學思想的先驅，無異是開中國科學的先河。如將這大學與中庸合訂成本，乃是一部哲學與科學的相互參證。不僅是心物並重，內外一貫，而且是知行一致的、最完備的教本。所以我乃稱之為「科學的學庸」。

蔣公又說：

大學與中庸二書，都在證明心物合一的道理，乃是中國文化的中心。無論其說什麼「新文化」與「舊文化」，如其離開了這學庸的精神，就是心物合一的哲學，決不能成為有益於復興民族的文化，更不是中國的傳統哲學了。

三

我上面所指出的六點，都是依著次序擇要鈔撮了蔣公大學之道的原文。若使在原文裏有更重要的沒有鈔，那是我的錯誤。若我上面所鈔，也已是蔣公大學之道原文裏的重要點，則至少可說：從蔣公的大學之道便可來看蔣公的哲學思想之一部分。我們若從此出發，來繼續研尋有關蔣公思想言論或先或後的其他各篇，如由大學之道再繼續來研尋中庸要旨，自然可使我們對蔣公的哲學思想，更多明瞭。但我不敢多引伸、多牽涉，庶可免我羼雜了我自己淺薄的主觀意見而誤入了歧途。此刻，我只想不避重複，再把上面六點，再加一番綜合的敍述。這裏面，是否有我主觀意見之羼入，諸位自可易於發現，不容我躲藏。

顯然，蔣公在大學之道一篇中所表現的哲學思想，是由聽了孫中山先生的講法而逐步演進的。其先認爲大學一書，乃是中國的一部政治哲學，次之又推到軍事哲學，乃至一切做人、做事的大道理、大學問所在。次之又推到大學一書，乃是中國民族精神文化中心的一部傳統道統的哲學書。其先只是由中山先生的說法而引伸，其後乃會通之於陽明與朱子，最後又會通之於中庸與論、孟，把孔、孟以來先秦儒家所講「天命」、「天性」與宋、元、明三朝理學家所提出的「天理」一觀念相配合、相貫串。蔣公一生，在軍務叢脞、政事繁忙中，前後經歷了四十九年的時間，而始完成了此一篇大學之道之四次訂正本。我們今天，縱對蔣公哲學思想之深厚內容，急切或未能完全接受；但對蔣公所提出的「行」的哲學之具體精神，及其承接中山先生「把屬於道德範圍之事放在知識範圍內來講」的這一大原則，實有最先領會之必要。

但我仍得最後說一句，我這一次來講蔣公哲學思想，實恐仍脫不了只講了我所知道的或我所認爲的。我實萬不敢承認我此所講，已是講出了蔣公的哲學思想。此一層，務懇諸位聽眾乃至國內賢達，加以指正。

（一九七六年故宮博物院追思蔣公逝世周年講演辭，載是年四月六日中國時報。）

蔣公的哲學思想第二講

一

本人在蔣公逝世周年紀念，曾根據科學的學庸之上半部大學之道，作了一次「蔣公的哲學思想」之演講。今天根據科學的學庸之下半部中庸要旨，再作第二講。

第一講，對象爲一般聽衆；這一次，專爲軍人講，故所講內容偏重有不同。

中國人愛講中庸之道，但爲何軍人也要講中庸之道呢？軍人的中庸之道又是怎樣的呢？此下根據蔣公中庸要旨略作闡申。

二

首先要提出蔣公哲學思想的三項要旨：一曰「天人合一」，二曰「心物合一」，三曰「萬物一體」。

如何來求天人合一？主要在能以人合天。如何來求心物合一？主要在能以心御物。天人合一了，心物合一了，自見萬物一體，主要則在人之一心。

天在人之外，物在心之外，蔣公哲學思想之主要綱領及其主要工夫，則在從內發揚到外。天只是一大自然，大自然一切現象，常見爲是從鬭爭到和平。無論風、雨、寒、暑種種氣象，水、土、金、石種種物質，相異便有鬭爭，合一則成和平。有生物更見其然，人類生命尤然。生命只像是一鬭爭過程，但實際上生命同時亦即是一和平之合體。

原始人時代，常在鬭爭中；經歷兩、三百萬年以至當前的人類，亦仍在鬭爭中。但內裏則是一和平。無和平，則不能有生命、有人類，乃至當前的人類。鬭爭只是外象，和平乃是內實。

軍人在人類中，最富代表性。中國古人說：「止戈爲武。」戈是鬭爭用具，「止戈」便是和平。由鬭爭過程中來獲得和平，正是人生大道。

中庸講的正是人生大道。講中庸，先要講「中和」。蔣公說：

中是一個中心，或說是一個重心。這是在內的。也可說：中是一個據點，一個立場。

由「中」達「和」，「和」是一個結合。由內發揚到外而成一整全體。一切物全如此，各有一中心，向外舒展，而各成一整全體。故曰：

中者，天下之大本；和者，天下之達道。致中和，天地位焉，萬物育焉。

中和本可說是指的天地萬物宇宙大自然，中庸則專指人生大道。程子說：

不偏之謂中，不易之謂庸。

由「中」致「和」，是一不易之常道。所以中和即是中庸，人道也即是天道。「天人合一」正在此。沒有中，便不能有和；沒有和，便不見有中。由人道言，人爲萬物之靈，亦即應成爲宇宙大自然之中心、重心所在。由人來參天地，贊天地之化育，此是中庸之道之最高理想與最大功能。

在「天」之中有「人」，在人之中有「心」。天亦即在人心中。人心亦是一戰場，不免常有鬬爭，中國古人稱爲是「人心」與「道心」之鬬爭。必使道心戰勝人心，乃爲和平所在。王陽明說：

勝山中賊易，勝心中賊難。

即是此義。

「人心」指「人欲」，是私的，故起爭；「道心」指「天理」，是公的，故得和。生命起於天，本是一大生命。由大生命中分別演化出小生命，亦由小生命來表現完成大生命。大生命不易見，卻無時無處不表現在小生命上，故大生命又爲最易見。中庸說：

莫顯乎隱，莫著乎微，故君子慎其獨也。

大生命像是隱微，卻甚顯著，顯著在人的各自的心上，故此心又稱「獨」。

人要慎此獨，要能從各自的小生命上來見到此人人同具、乃至有生物物物同具的大生命，此即孔子之所謂「仁」。人心能到此境界，即是「和」的境界。能到此境界，並見不論有生、無生，萬物也同此生命，即是「萬物一體」，也即是「心物合一」、「天人合一」。其實只是一「和」，其本原則只在此一心之中之「獨」。

只有軍人最易體會此道理，何以故？因軍人是過的部隊生活。部隊生活最賴有紀律。蔣公說：

有有形的紀律，有無形的紀律。

無形的紀律即在此心。心在內，紀律在外。貴能由中達外，由每一軍人之心來達成此有形外在之紀律。

每一軍人之小生命，必然須寄託於三軍部隊之大生命。必由此三軍部隊之大生命來保持此部隊中每一軍人之小生命之存在，亦必由此三軍部隊中每一軍人之小生命來鬪爭衛護此三軍部隊之大生命，使其「強哉矯」而無敵。

所以軍人必須盡可能來減弱其私生活，盡可能來增強其公生活。軍人又必須盡可能來減弱其日常生活，使盡量可能來增強其軍人鬪爭生活。須能盡可能由每一人之日常的私生活中來發揚完成其鬪爭的公生活。須使其日常私生活轉成爲鬪爭公生活，亦使其鬪爭公生活同時亦即成爲日常私生活。

換言之，軍人生活，應使平時即如戰時，亦應使戰時仍如平時。又應使部隊同居親如一身；而一身獨處仍如在部隊，而忘其自身。

此是「和」，亦即是「仁」，蔣公言：

武德以「仁」為中心。仁者有勇，無敵於天下。

此即是「中」。

其主要機栝，則在每一軍人之內心修養。當知每一軍人之心，即是三軍全體部隊之中心、重心所在，此三軍全體部隊之中心、重心，既不偏在其統帥，亦不偏在其將領，又不偏在於士兵；一心和於眾心，眾心成爲一心，統帥、將領、士兵則合成一體，即不分彼此，更無論上下。

三軍之外，又有後勤。軍隊之外，又有社會民眾、國家民族。社會民眾、國家民族之心，亦即是軍人部隊之心，其他一切武裝軍械，則全由此心來主宰運使，此之謂「心物合一」。而武德發揚，更由一民族、一國家而進至於世界大同、天下太平。人道之極至乃上通於天道，此之謂「天人合一」。其中心、重心所在則在每一人之心，此乃人生不易之常道，爲人人所應奉守，故稱之曰「中庸」。

此乃人生大道，人所共由，軍人亦無以自外。故蔣公中庸要旨，首先即向軍人講述。本人此次演講，並不一一稱引蔣公原文，惟望今日在座聽眾，退後再將蔣公原文細讀。儻本人所講，無背蔣公本意，則爲本人莫大之榮幸。

三

繼此本人將續有引伸。在整全體之人生大道中，復有其各別之條理。軍人武德，在整全體人生大道中，亦成爲分別之一條理。海、陸、空、後勤各部，又在軍隊之整全體中，各成爲分別之一條理。統帥、將官、士兵，又各自有其分別之一條理。此等分別之各條理，中國人稱之曰「倫理」。

不僅家庭生活中有倫理，軍隊亦如一大家庭。父慈，子孝，應各盡各職，各有其條理。軍隊中上自統帥，下至士兵，亦如此。在每一條理上，必各有其主要之中心、重心。「爲人父，止於慈；爲人子，止於孝。」在軍隊中，每一部分，每一職位，亦必各有其各別之條理，故貴能各知其所止。此處乃由倫理轉進到民主。

政治有民主，人生大道亦各有民主。每一人，每一心，各自爲主，各自爲整全體人生大道之主，即整全體人生大道之中心、重心所在。故孔子曰：

為仁由己。

仁道之大全體，即由每一人之心各自作主，此即是人道之民主。中國古人說：

中國一人，天下一家。

若縮小來講，應使三軍如一人，中國如一家。

由此再推進一步，中國人講的人生大道，蔣公所主張的「心物合一」、「天人合一」、「萬物一體」，其實乃是一項科學。近代西方人只講自然科學，中國人所講的人生大道，亦可稱之爲人文科學。故蔣公講大學、中庸，稱此兩書中所講，乃是「軍人哲學」、「政治哲學」，又稱之爲「中國傳統的道德哲學」，而又稱之曰「科學的學庸」。

蔣公在寫定其科學的學庸一書之後，又明白提出「倫理、民主、科學」爲復興中國文化之三大綱領。其實此三綱領，亦只在條理上有別，在大道中則本是融通合一，即是此一大道。而此一大道，乃是由各一人之各自內心做起。此是最倫理、最民主、最科學的。

本人希望今天在座諸位，由蔣公之科學的學庸，再進而研尋蔣公哲學思想之整全體。更亦希望在座諸位，以一軍人身分，躬行實踐，潛修密證，來達到蔣公所提示心物合一、天人合一、萬物一體之至高境界。本人以淺薄窺高深，所言有誤，則請指教。

（一九七六年五月八日慶祝國軍軍官深造教育七十五週年紀念會講辭，載於是年七月七日中國時報。）

故總統蔣公逝世三周年追思

一

昔程明道語錄有云：

天地萬物之理，無獨必有對，皆自然而然，非有安排也。每中夜以思，不知手之舞之、足之蹈之也。

又一條云：

百官萬務，金革百萬之眾，飲水曲肱，樂在其中。萬變皆在人，其實無一事。

竊謂前一條乃中國人明道窮理共所遵守之榘範，第二條則爲做人做事最高之理想。

古人云：「執其兩端，用其中於民。」凡天地間一切事物現象，必有本末始終、表裏精粗相反之兩端；把握到此兩端，乃始把握到此事物之全體。在實際事物上運用此全體中恰切適當之一點，乃所謂「中」；只顧一端並非中。在此兩端間各截一半之「中」，此乃「子莫之執中」，非「執兩用中」之「中」。

自程、朱以下，四書首大學，成爲八百年來中國人人人必讀之第一書。大學首三綱領，「明明德」是在裏面，他人看不到的，己所獨知的工夫，乃所謂「大本」。「親民」乃是表面的，與人共見的，是粗、是末，是「達道」。隨時、隨地、隨事、隨物運用得中，是「至善」所當「止」。

再以八條目言，「修身」、「齊家」、「治國」、「平天下」是表面的達道，是其粗與末；「格物」、「致知」、「誠意」、「正心」是其裏面的大本，是精、是本。再細言之，「修身」、「齊家」較在裏，是精、是本；「治國」、「平天下」較在表面，是粗、是末。而「誠意」、「正心」較在裏，較精、較是本；「格物」、「致知」較在表面，較是粗、較是末。然則此八條目前四項，是由表達裏，由末歸本；後四項是由裏達表，由本歸末。必如此循環反復，表裏並修，精粗兼盡，始是「執兩用中」之道。故大學一書，即具體說明了中庸之道。此道必有本，而本必先於末。其「達道」所被之廣狹，必自其「大本」所立之深淺。其事功雖擴大至於「治國、平天下」，其工夫卻只建本於「格、致、誠、正」

自我內心用力，有非他人所能見者。此乃中國傳統文化一致相承之大理論、大信念，而尤爲儒家思想最要之理論所在。故「達道」必建基於「大本」，而此「本」由中國人傳統觀念中，尤其是儒家，乃所謂「天命之性」。性命出於自然，循此自然，天人合一，其表面的事功雖極廣大，而內裏之所本則極精微。明道所謂之「無一事」，即此大本所在。蓋執兩用中，一本天理之自然，無小己私意存在運用之餘地也。故又曰「至德要道」，也稱「天德王道」。此即道之兩端，也即道之全體。故中庸主義即涵有自然主義與道德主義之兩面。

道家尚自然，儒家重道德，因此儒、道兩家思想才爲中國文化之主幹。道家尚自然，故主「道」先於「德」，老子所謂「失道而後德」是也；儒家尚道德，故主「道」本於「德」，孔子所謂「志道、據德」是也。道家所主，似偏於一端，莊子所謂「惟蟲能蟲，惟蟲能天」。儒家重道德，孟子所謂「盡心知性，盡性知天」。而濂溪太極圖於「太極」之外，復有「人極」。橫渠謂「爲天地立心，爲生民立命」。故惟儒家能人、天兼盡，尤近執兩用中之意。故儒家思想尤爲中國文化傳統主幹中之主幹焉。

二

余所接觸當世人物，惟故總統蔣公乃庶識此工夫，達此境界。其一生事業，自追隨孫先生黃埔建軍，北伐統一，抗日保國，以至於來臺建立反共復興基地，其一生精力盡瘁於此，然皆與人以共見；而其「格、致、誠、正」裏面一番精的工夫，則固非能與人共見者。庸陋如余，幸獲屢次晉接，雖愚昧不足以窺高深之萬一，然舉所知以告國人，亦余之責。今逢蔣公逝世三周年，追憶往迹，庶以竭愚陋之一端。

余獲見蔣公乃在距今三十六年前。其前一年，民國三十年，余應召赴青木關教育部開會。嗣蔣公電話召余，而余已返成都。教育部以蔣公電話函告，余復函教育部代達。大意申述蔣公膺艱鉅於一身，似不宜分心他務；而或以多見如余迂拙之輩，而減損其求賢若渴之用心，則余所負罪疚更深更大；因此婉辭不赴召。翌年，民三十一，蔣公來成都，某日下午，蒙召見於某會堂。同時應召者逾一百人。蔣公依名單逐一呼喚，各有垂詢，歷兩句半鐘有餘而畢。其翌晨，又蒙召見於陸軍官校。余依時約九時半赴官校，蔣公已於九時起分別召見，候室中尚坐二十人左右。余最後，於十一時過應召。蔣公首詢及明遺民學術思想，先似提及山西傅青主，殆蔣公最近讀書所及；遂依次乃至亭林、梨洲諸人。隨留午餐。余見一椅，疑蔣公座，乃坐其側面一椅。蔣公堅邀余易坐，余堅辭不敢。在旁從侍者告余，且聽蔣公命，乃即移其桌上之碗筷。余乃確知此座為蔣公設，勉就坐。如此禮遇，在古籍中亦少見，使余畢生難忘。餐畢復談。余興辭，蔣公親送至門。是為余獲見蔣公之初次。

翌年，蒙召至復興關講學，又獲在府邸夜宴。蔣公使人告余，願余留復興關。儻心在教讀，中央大學、政治大學可擇一任教；或兼兩校，有車往返，不甚勞。復興關有最高軍事會議，盼余出席；

其他實際事務，悉可不任。余自念無此學養，留復興關恐荒素業，遂復婉辭。翌年，又召赴復興關。是爲余第二、三次獲晉見。

一九四九年，余避赤禍至香港。翌年來臺北，蔣公召見於士林官邸。是時，適逢共黨伍修權去聯合國，蔣公在「總統府」開會，屢次電話返官邸，云稍待即返。但待蔣公返後，同桌進餐，所語無一及於伍修權出席聯合國事；惟對余辦新亞書院事詳加垂詢。而余特留記憶中者，席上所餐乃配給米。此惟在經國先生府亦同受此米而已。

此後每返臺，必獲晉謁，或賜茶或賜飯，必晏語經時。余以一布衣，而蔣公待之如布衣交，明道所謂「金革百萬之中，飲水曲肱如無事」，余惟於蔣公見之。

三

蔣公勤治學、庸，有科學的學庸一書，蒙以其稿見示，又隨有更定。最後有「復興文化」之號召，舉「倫理、民主、科學」三端，又曰「復興非復古」。疑者或以「倫理」爲中國傳統文化所重，「民主」與「科學」乃傳自近代西方。或有疑文化復興非復古，但豈能以廢古爲復興？此非深會於古人執兩用中之義，殆不易窺其用意之深也。

今蔣公逝世已三週年，愚昧自恨學無所成，常期黽勉，庶以副蔣公知遇之萬一。而不幸最近雙目迷矇，不能見字，此文乃口述，由內人筆錄。惶慚無以盡意，但自信所窺或稍精於往日，或足以供當前國人之悼念，於後世之崇仰有可作一番千慮一得之參考材料，則不勝私幸之至矣。

一九七八年三月錢穆敬撰

（本文作於一九七八年三月）

蔣故總統與中華民國

——蔣故總統之政治事業

一

政治乃眾人之事，亦是一長時間事。要之，政治決非個人之一時事。換言之，政治乃公，非私。任何一私人不能自逃於公之外，故不論其在朝與野，仕與不仕，皆亦參與了政治，決不能離政治而爲人。而有人則終身從事政治，但其個人之成功失敗，亦與其所事之政治事業之成功失敗有相關而非一致。此一層，亦不當不辨。

二

試以史事爲例説之。如堯舉舜，使攝政，又讓位，此是堯之成功。但在當時之政治事業，則未見有成功。舜舉禹，使攝政，又讓位，此是舜之成功。但其時之政治事業，仍未成功。直待夏代肇建，封建諸侯之上面，有一統一王朝之確立，此始爲當時中國歷史上政治事業一大成功。但此一成功，乃積堯、舜、禹三人之禪位相繼，而始有成。

此下西周興起，先有周文王「三分天下有其二，以服事殷」。武王繼之，伐紂，王天下。周公又繼之，相成王，攝政，東征武庚、管、蔡，再事封建，而西周祚始定。則亦積文、武、周公父子三人之相繼而完成。

中國古代封建王朝之統一，始於唐、虞，下逮於周。此一封建王朝之統一局面，幾歷兩千年。此爲中國政治史上之第一大成功。

下逮秦始皇統一，易封建爲郡縣，在一統一王朝之下，不復有封建諸侯，此爲中國政治史上一大變。但就秦始皇個人論，則其失敗猶大於成功。漢高祖起而代之，以平民爲天子，又欲復興封建，「非劉氏不得王，非有功不得侯」，轉較秦始皇之廢封建，其政治意識顯爲後退。直待其曾孫武帝起，封建之制不復行。而公孫弘以一東海牧豕人爲相封侯，此一、二人政府始確立。中國歷史上只一統一王朝，不復有封建貴族。郡縣之上，有一中央政府，一切行政事務統由士人掌握。此一制度上之大轉變，乃經秦始皇、漢高祖至於漢武帝，長時期之曲折而完成。而從此以下，歷兩千年不能變。即蒙古、滿洲入侵，異族當朝，然此制度則大體仍未變。此爲中國政治史上第二度之新局面。

孫中山先生辛亥革命，創興中華民國，秦、漢以來郡縣政治上之統一王朝，遂告終止。此又爲中國政治史上第三大轉變。然自民國創興，政治上應興、應革之事，何啻千端萬緒？此皆有待於此下長時期之演進，而豈一人一手之烈所能完成其使命？故孫中山先生在南京爲臨時大總統，未滿百日，即讓位於袁世凱出任中華民國之正式第一任總統。何者？滿清王朝既退位，革命之第一任務已達成。功成身退，可免戰爭再起，使斯民陷於塗炭。故中山先生繼湯、武革命之後，即繼之以堯、舜之禪讓。此種政治風格，則惟中國人有之。而孫中山先生之偉大，亦於此可見矣。

三

乃不期袁世凱帝制自爲，其身雖死，而軍閥餘孽滔滔不絕。中山先生不得已，南下至廣州，創設臨時政府。基礎稍定，即親身北上，求與段祺瑞、張作霖言和，只求中華民國得完成統一。則中國事由中國人羣策羣力爲之，又何必殺人盈野，求決勝於疆場？故中山先生臨終，猶言欲以和平救中國，而「革命尚未成功，同志尚須努力」也。然則就建立中華民國一政治事業言，中山先生僅可謂肇其端，非可謂其有成功，亦甚顯然矣。

蔣公繼中山先生而起。其在廣州黃埔建軍，爲革命奠定一武力基礎，是爲其第一大成功。率師北伐，中國終於統一，是爲其第二大成功。八年對日抗戰，中國免淪爲日本殖民地，是爲其第三大成功。政府遷來臺灣，終於建立了一復興基地，是爲其第四大成功。故中山先生之任用蔣公，亦爲中山先生成功之一事。果使無蔣公繼起，則中山先生之創建民國，豈不僅有其先，而卒於一敗塗地乎？然而蔣公終亦齎志以歿，復興基地尚在，而復興大業蔣公亦未能目睹；則蔣公在其政治事業上之成就，較之中山先生，豈不先後一轍，亦復無大相殊乎？

但孫、蔣兩公之在中國政治史上，終將有其大成就。惟其成就不在當身，而必在其後起者。中國人言「創業」，則必兼言「垂統」。苟非有「統」可垂，即亦無「業」可成。即如孔子，亦何嘗不有意於政治？故曰：「甚矣吾衰也！久矣吾不復夢見周公。」又曰：「如有用我者，吾其爲東周乎？」孔子亦曾出仕爲魯司寇，其在政治上可謂無成就。及其晚年，乃曰：「道之不行，我知之矣。」則孔子亦自知其在政治上乃無成就。孔子之所貢獻於後世者，轉在文化事業上，不在政治事業上。

今當鄭重申言者，文化事業更大於政治事業。政治事業只占文化事業中之一部分，不能違離文化大統而自有其成就。而文化事業則更非一人一時之事。孔子亦有待於後之繼起。其及門弟子，如曾子之在魯，子夏之在魏，及其三傳、四傳以下，如子思、孟子之後起，苟非不斷有人繼孔子而起，孔子當身亦復何成？

四

故文化與政治，皆屬大公之事，皆就眾人、長時期言，非各人之私事。心不在公，即於事無關，更何成敗之足言？

若果人各爲私，各業可以各別分開，則就中國近代政治論，毛澤東之成就乃遠大於孫、蔣二公將不知超越了幾何倍！毛澤東一人掌中國全部大權，爲時三十年，誰何人得與相比？然毛澤東亦不自認爲此大業乃由彼一人成之。彼亦必自言，彼之所承，亦自有其傳統。故彼必先舉馬、恩、列、史而始及其自身。毛澤東果不繼馬、恩、列、史而起，則當謂其繼黃巢、張獻忠、李自成而起。此豈毛澤東所甘心？故政治必承文化而起，而政治與文化又必先有所承，毛澤東亦無可否認。

中國文化傳統已歷四、五千年，此乃立國命脈，民族生命之大血統所流注貫徹，會合中國人四、五千年之共同精神，以共創此大業。此不僅中國爲然，全世界各國、各民族無不然，各有傳統。即如每一人之私生命，亦何莫不然？絕不聞一人之私生命，可以橫切中斷，以旁接於他人之生命，而猶得成爲一生命者。私人如此，國家民族尤然。任何一國家、一民族，亦各有其生命大傳統。血脈貫注，精神流暢，則其生命存；血脈不貫注，精神不流暢，斯其生命必臻疾病死亡之境，而無可挽救。

一國家、一民族之成立而存在，又豈一空洞之名號而已？中華民國之創建，則明承其民族文化之大傳統而來。故中山先生以一身而兼「革命」與「禪讓」之兩德，試問並世各民族誰復有此崇高之人物？其爲三民主義，最先即爲民族主義，而直從堯、舜、禹、湯、文、武、周公、孔子以來，亦明其精神命脈之有所在矣。中山先生又常書禮運篇「天下爲公」四字。主政乃爲公，非爲私；率先民眾，使人人爲公，而後達於世界大同而天下平。此乃中國文化所特有之政治理想，與西方人言政治不同。蔣公亦惟一遵中山先生之大義，乃始有蔣公之成就，此即中山先生之成就也。蔣公治軍行己極尊曾滌生，抗戰間，艱鉅叢脞集於一身，乃得間即治理學家言。晚歲尤於學、庸有新得。而更要者，在其提示「復興文化運動」之一口號。其參預中華民國之創建精神，主要即在此。

乃國人近年來，崇洋心理一時成習，必以中山先生之革命，謂乃模倣美國之華盛頓。儻華盛頓亦如中山先生霑染了中國文化，則可以反抗當時英政府之非法暴稅，而不當即脫離其祖國而獨立，創出美國。又以三民主義比之美總統林肯「民有、民治、民享」之說。此又見雙方政治理想之大不同。政治乃爲公眾而有之一大事業，當率先民眾，導其正路。孔子曰：「政者，正也。子帥以正，孰敢不正？」故政事必選賢與能，始能勝任而愉快；豈如一物，爲人人所共有乎？又豈如一物之舉措，爲人人所盡能乎？共享之論亦非中國傳統所有。孟子曰：「勞力者食人，勞心者食於人。」政治乃勞心之事，又犧牲其一己之心力以務於公，豈暇並耕？則食於人固宜。西方乃一商業社會，認爲政府乃賴租稅生存，故民主選政首以納稅額定選舉權。而中國「四民社會」則商居其末，故選舉考試商人皆不得預。亦因商人之爲私不爲公，故乃設此限耳。必謂中國傳統政治無是處，則何以有此廣土衆民，得爲全世界一絕無僅有之一民族國家，而縣延達於四千年之久？必謂中國人絕無創造一套合理想的政治之能力，則中華民國之創建，亦空洞一名詞而止，其事不得久，亦不煩深論。

惟其崇洋心理之作祟，故中山先生模倣美國可以創一國，毛澤東模倣馬、恩、列、史，又何不能另創一國？抑且毛澤東以「打倒英、美帝國」爲號召，而中華民國乃模倣英、美而創立，則國名當改，亦無疑義。此非毛澤東一人之意，乃當時中國人崇洋心理之共同作祟。既可崇美，自亦可以崇蘇。兩者之間，寧不有國人自由選擇之權？惟其崇美有不滿，乃轉而崇蘇，此亦「求變求新」。崇美則有中華民國，近改而崇蘇，則有「中華人民共和國」。此一時，彼一時，改名易號復何不可？乃不知世變多端，吾國家民族之壽命又豈能長隨以俱變！先有華盛頓、林肯，後有馬、恩、列、史，繼自今，又焉知不再有誰何人出以領導此一世之風運？則馬、恩、列、史之「中華人民共和國」，豈不又將追隨以變？則吾國家民族之前途，又終將依何爲歸宿？

五

吾國人之近代心理，乃長有兩種分裂現象之存在。一則對吾國家民族歷史文化傳統，知尊知信。縱當危急存亡之秋，仍必探本於國族大統，以求自救自強之精神淵源所在。雖亦斟酌世變，廣尋出路；而國族大本，則自尊自信，終堅守而無變。此一也。又其一，則對自己國家民族之歷史大本、文化大統，已不尊不信，惟加蔑棄。認爲自救之道，惟有改其途轍，遵從他人。民初「新文化運動」，乃主「全盤西化」，並有主張「廢止漢字」者。馬、恩、列、史則其一支一流而已。崇美、崇蘇，雖亦爭端迭起，然捨己從人，則同一歸宿，無大殊也。此爲又一心理。惟二者分裂並在，而後一心理則終於後來居上，有遞漲增高之勢。民國七十年來之種種爭衡，胥可以此說之。惟愛國家，愛民族，則爲此兩種心理之同一根源。此爲情感問題。如何愛？如何救？此乃爲知識問題。此乃分裂之所由。中山先生發爲「知難行易」論，在中山先生之意，則雖一時相從革命以共赴創建民國之大業者，亦未必盡知中山先生之所知。其在廣州，陳炯明即主張「聯省自治」，則主崇美。中山先生亦主「聯俄容共」，而陳獨秀輩則主崇蘇。國民革命軍北伐，而有寧、漢分裂。蔣公則爲一心追隨中山先生之一人，及其遷都來臺，國勢阢隉愈甚，而提出其「復興文化運動」之口號。則孫、蔣兩公之心，豈不據此而可知乎？

余去年在港，曾面詢一逃亡來港之紅衛兵：「君等當年所爲，亦曾於心覺有不安否？」彼答：「在當時，此心亦感不安。但爲救國家、救民族，惟此一途，乃忍心爲之。今而始悟其不然。」則在當年大批紅衛兵之「文化大革命」，豈不亦出於愛國家、愛民族之一心乎？惟知識所限，乃有此喪心病狂之一幕。然則中山先生當時所欲教國人以「知難」者，究爲何等之「知」，寧不當加以深思乎！

竊謂欲知華盛頓、林肯，欲知馬、恩、列、史，其事或尚易；欲知中山先生所謂「知難」之「知」，其事或尚難。蔣公以「復興文化」教國人，中山先生「知難」之「知」，其亦待此而知乎？此又今日吾國人所値深思詳辨之問題也。儻此問題不解決，一旦反共復國，千頭萬緒，正復大有事在。豈一捨馬、恩、列、史，再轉而向華盛頓、林肯，種種問題即迎刃而解乎？

然則中華民國之復國，其事尚易；而復國以後，如何善繼孫、蔣二公之志，如何善述孫、蔣二公之事，艱鉅不更甚乎？故以孫、蔣兩公之當身事業言，其成功亦皆有限；惟以孫、蔣兩公生平志節欲爲吾國家民族繼志述事言，則吾國家民族一日尚存，孫、蔣兩公亦必相隨以不朽矣。

今値蔣公逝世五週年紀念，謹陳愚陋之所窺，以告於國人。然乎？否乎？則非愚陋之所敢自知矣。亦惟吾國人諒其一心之愚而恕之。

（一九八〇年四月二日中央日報）

〔附〕致中央日報函

記者先生大鑒：我在本年四月蔣故總統逝世五週年紀念日蒙貴報函邀撰文。該文刊出後不久，即有一友在政府服務的，前來告我，謂：「連聽人說，先生在該文中，認爲毛澤東事業成功大過了孫、蔣二公。我因事忙，未讀此文；檢出一讀，乃知先生意並不這樣說。」我當時聽了，只一笑置之，事後並忘了。直到最近，在某一宴會上，有一執掌文教之政府高官，向同席又提起我此文說：「錢某謂毛澤東事業成功大於孫、蔣二公。」問同席人意見。有人說：「未讀過。」有人說：「匆匆一讀，已不再記憶了。」那位高官又說：「立法院、監察院有人要提出彈劾，向貴報質詢。」同席有一報館編輯言：「此文還有上文的。」有人把話題扯開，此事便告終止。席散，同席一人告另一人：「你須將今日席間話，去告知錢某。」此人遂特地來告我。我想，我一人犯過犯罪，輕；而社會流傳說我說毛澤東事業成功大過孫、蔣二公，這不僅對孫、蔣二公有謗傷，並對世道人心、國家民族反共復國當前一大事業上，不得謂可絕無絲毫之影響。我應對此文負責，有一交代。或某先生席散囑人前來轉告，即具此意。我又不知貴報刊載此文，是否有過外來轇轕？我今向貴報作此函，請貴報能公開刊出，亦是我對貴報有了一交代，可使我心稍安。

今我不再檢查當日原文，只記得說毛澤東事業成功大過孫、蔣二公，在原文中是確有此語的。但只截取此一語來讀，是如此。通讀全篇上下文，我的作意則決不如此。我此文之作意，只在分別說明「事業成功」這句話，中國古人意見和現代人意見有大不同。這是有關中國文化一大題目。我積存此意，早在數十年之前，我今不妨再作闡明。至有和我前一篇原文重複處，則我此函未檢原文，亦請原諒。

我認爲中國古人言「事業」，乃指社會大羣言，不指個人小我言。此種事業，亦必經時代緜延，不能即身而止的。今日國人都看事業是個人小我的，可以及身而止，那就和中國古人意見有大不同。試舉例言之。

三千年前，周武王興兵伐紂，伯夷、叔齊扣馬而諫。周武王不之罪，而釋之。周武王開周祚達八百年之久，可謂事業成功。伯夷、叔齊恥食周粟，餓死首陽之山，可謂有「事」無「業」，更復何「功」可言？但孔子稱伯夷「古之賢人」，又說其「求仁得仁」。孟子則尊伯夷爲孔子前「三聖人」之一。司馬遷作史記，伯夷爲七十列傳之第一篇。唐代韓愈特爲伯夷頌，稱揚其爲「特立獨行，窮天地亙萬世而不顧」之一人。三千年來之中國人，同尊周武王與伯夷，而伯夷地位似乎尤在周武王之上。可知伯夷、叔齊還是有事業成功。只不成在其當身，惟賴此後三千年，不斷有人繼志承業，加以宣揚，乃始有此成就。若論當時，則二人惟自成一死而已，亦寧有「事業」與「成功」兩觀念存其心口乎？

次論孔子。則孔子已自言之曰：「道之不行，已知之矣。」是孔子已自認於世無成。又說：「聖則吾不能。」則亦自認於己無成。孔子終身只自認爲好學。故說：「學而時習之。」又稱：「學不厭。」既終身在學之中，自亦希望能以所學告人。故於「學而時習之」之下，即繼說「有朋自遠方來」；又於「學不厭」之下，即繼稱「教不倦」。然既終身在學，又豈能希望他人之盡知其所學？故於「有朋自遠方來」之下，又繼之以「人不知而不慍」。當時孔子門下，惟顏淵一人，孔子最爲稱賞，同門亦羣加推敬；然顏淵自認：「既竭吾才，如有所立卓爾，雖欲從之，末由也已。」是顏淵亦自言對孔子所學未能盡知。而竟先孔子死了。故孔子自傷曰：「天喪予！天喪予！」但孔子身後，尚不斷有子貢、有子、曾子、子夏、子游輩，繼續宣揚師道；又有子思、孟子、荀子繼之；又有西漢以下董仲舒諸人繼之。直到近代，孔子終成爲中國之「至聖先師」。孔子在中國文化傳統上之大成功，則亦惟其身後之有人共同完成之，非可謂全是孔子之事業與孔子之成功。

至於孔子之自言其學，則曰：「述而不作，信而好古。」亦求爲前人繼志承業，不如今人競求自創作、自表現，蔑棄前人於不顧。若必謂孔子亦是一開新，則是在復古中得開新，非於蔑古中求開新。今欲蔑棄舊中國，開創一新中國，恐亦爲五千年來列祖列宗舊中國人所不喜。則此一開新，恐是一薄情。薄情則終不爲中國人所喜。唐韓愈在中國歷史上，亦可謂文學革命一大人物。然其標張，則曰復古，不曰開新。當時亦僅有三數人相從。直待宋代歐陽修起，韓愈所倡古文始大行其道。然今人則絕不再理會。今人所謂新文學，實是慕效西方；在西方則仍爲舊文學。然如孔子，如韓愈，今既繼起無人，又豈能謂之是成功？

次及諸葛亮。其上蜀後主出師表，自言「鞠躬盡瘁，死而後已」，並不明言出師有成功。亦可謂諸葛亮心中已知其出師之無成矣。逮其六出祁山，病死五丈原，而蜀亦隨亡。則其時成功者，乃曹操、司馬懿；而諸葛亮則終爲一失敗人物。但後世中國人，又另作評論，謂操、懿乃中國歷史上之罪人，而諸葛亮則爲中國歷史上一完人。則又誰爲失敗？而誰爲成功乎？

最次論到岳飛。判死罪於風波亭上，又何得謂事業成功？岳飛當身，顯是一失敗；而成功則屬秦檜。但岳飛身後，西湖上有岳王墓，而秦檜夫婦則塑像長跪墓前。此爲秦檜之成功，抑岳飛之成功乎？直到最近，聞大陸共黨亦仍在重修岳王墓，秦檜夫婦塑像亦仍跪墓前。此見中國文化傳統之深厚，非一時一人之所成，亦非一時一人所能破敗之，使不再有存在。

我之原文，只在抒述此意，而以孫、蔣二公作證。孫公只爲中華民國之臨時大總統不過百日之久，即讓位於袁世凱。孫先生只謂排滿革命已完成，民國已創建，功成不居，而以讓位使南北不陷於兵禍。又豈得以此後洪憲稱帝歸罪於孫先生？而孫先生退居滬上，精思密慮，始成其三民主義。其在民國此後之貢獻，亦可謂更大於其辛亥之革命。逮其在廣州北上，與段祺瑞、張作霖謀和，而病死醫院中，亦可謂其事業之終未成功。幸有蔣先生繼志承業。然亦老死臺灣，終亦不可謂成功。而毛澤東竊踞大陸三十年，若果以世俗人心眼，以個人小己一切作爲即認爲是事業，又謂可以即身成功；則毛澤東之事業成功，豈不大於孫、蔣二公乎？其實我作此文，毛澤東早已死，大陸共黨已一切在變，其勢亟亟，不可終日；我縱愚昧無知，亦不致稱毛澤東爲成功，並謂其成功之大於孫、蔣二公。

今日則大家羨慕西化，每以個人主義自求當身之事業成功。其實毛澤東亦即在此風氣中養成。今日大陸共黨已不求蘇維埃化，又改而轉求美化。如此演變，一切成功，皆若中國人之失敗。平生積念如此，故謹願於孫先生所主張之「民族主義」及蔣先生晚年所提倡之「中國文化復興運動」盡其棉薄，有所追隨。此函僅亦藉機自伸己意，非欲爲前文辯護。至於其是非，則仍待國人定論。民國創建，此下當億兆斯年，非孫、蔣二公所能完成其事業；孤陋如我，則又何言？儻貴報肯將此函賜予公開刊載，則不勝感激之至。專此順頌

公祺

錢穆鞠躬十二月十五日

（此函作於一九八〇年十二月十五日，寄中央日報，未獲刊載發表。）

蔣公逝世七週年紀念辭

一

孔子曰：「言忠信，行篤敬，雖蠻貊之邦行矣；言不忠信，行不篤敬，雖州里行乎哉？」今人或問：美國爲阿富汗，爲波蘭，呼籲至矣，何以不行於蘇維埃？此仍當反己求之。蘇維埃乃美國之敵，而以色列則美國之友。美國何不向以色列爲巴勒斯坦人呼籲？呼而不應，美國當減削或中止其對以色列之軍援，始見美國對「人權」觀念之忠信。今美國不施之其友以色列，獨施之其敵蘇維埃，則蘇維埃之反應必曰：此乃美國與我爲敵，故作此等辭。則其拒不受亦固宜。

再如中國，臺灣乃美國之友；大陸爲美國之敵。

更進一層言，古巴近在美南，不啻美國之毗鄰。古巴赤化，其流民之逃入美境者何限？何以美國人毫不動心，而其對阿富汗、對波蘭則如此忠誠？則其不見信於蘇維埃，又固宜矣。今試問：美國人何以獨對阿富汗人、波蘭人具有如此忠信之熱忱？則恐美國人亦將無辭以答。

二

孟子言：「天下定於一。」或問：「孰能一之？」孟子曰：「不嗜殺人者能一之。」依據中國人觀念，惟人心能相通。一人之心，可通於天下人之心。當前世界已達四十億以上之人口，同爲斯人，即同具此「心」。亦惟心與心乃可相通。而今全世界人則多不反求之心，而轉求之心外之「物」。曰富曰強，乃爲今日全世界人共同追求之兩大目標。此亦人心相通。惟在此兩目標上，則必有爭。今則大國與大國爭，小國與小國爭，甚至小國亦與大國爭。爭之最後，則不爭富而爭強。核子武器遂爲當前美、蘇相爭最後一倚仗。

然則核子戰爭而勝，遂能一天下乎？依孟子之言，則決不能。然則孟子所言，又果可信乎？則請以西方歷史爲證。耶穌生爲一猶太人，當時之猶太人又豈能與羅馬人爭？耶穌乃曰：「上帝之事由我管，凱撒事凱撒管。」然耶穌既能管上帝事，上帝豈不能管凱撒事？耶穌之言，亦見其無奈而發矣。然凱撒則終管到耶穌，釘死之於十字架。惟此後耶穌教廷終建於羅馬城中，而羅馬帝國則終成爲西方歷史上一名詞，至今不再存。能殺人者，乃凱撒，非耶穌。則孟子所言，亦在西方歷史上有其證驗矣。證驗爲何？曰：嗜殺人者不能一天下。

最近數十年內，在歐洲形成了兩次世界大戰。英、法兩戰皆勝，至今亦弱，莫能振，由美、蘇起而代之。然則第三次世界大戰之後果，亦可從前兩次大戰想像知之。孟子之言之非爲不可信，亦由此見矣。蘇維埃姑不論，試問美國在當前局勢下，將何以自處？惜西方無孔、孟，無以爲之謀。然亦有耶穌，其決不贊成核子戰爭可知。既不贊成核子戰爭，又何必一意要加強核子武器之裝備？美國人多信耶穌教，不知對此何以自解？

今世界親受原子彈之殘殺者，惟日本。今日日本人不僅言及核子武器而心悸，即其他武器亦加厭惡。乃尊富之心則出人頭地。今日惟日本不務國防，而一意增富，居然已爲當前全世界第一首富之國。然當問：不強又何以自保？則賴美國。乃又反對美國之加強核武裝備。則美國又何能常保日本之富及其安全？厭懼核武裝備，不僅日本爲然，即西歐諸邦亦莫不然，甚至美國亦然。但非有忠信心，爲大公久遠謀；只以畏怯心，爲一己之私之短暫謀。而其與蘇維埃相敵對之心則終無變。則試問：蘇維埃果繼此長以核武相威脅，此下諸邦人心又將何以應？人人盡顧目前，而目前則轉瞬即逝。今日全世界人類幾無一信念可以自保其將來，而惟相爭不已，此誠一大可悼歎之事也。

三

近百年來，吾國人競慕西化，而百年無寧日。孫中山先生既齎志以歿，先總統蔣公繼之，先則北伐，次則抗日，最後則避來臺灣堅持反共，亦可謂畢生無寧日，而今亦齎志歿矣。頃遇其逝世七周年紀念，青年戰士報屢來電話，邀余爲文。余念先總統蔣公畢生作爲，今亦事過境遷，而常有兩事留憶心中不能忘：一爲其在對日抗戰前，曾發起一次「新生活運動」；一爲其來臺後，又曾發起「文化復興運動」。尚憶在一九五一年，余曾奉派首次赴日本。其時美軍初撤，日本方重獲自由。某君忘其名，爲在中、日戰爭時日本政府一名臣。在某一盛會中，邀余僻坐，對談盈一小時。彼詳詢余往年蔣公新生活運動之經過與實情。彼又悵言當時日本國情，謂：「謀日本復興，亦惟有效法貴國蔣總統來作一次新生活運動。惟貴國此項運動乃由全國政治領袖發起，鄙國當前則惟有由在野私人來發起。」彼有意於此。不意數年後，某君即逝世。而此一番談話，則長留余之記憶中，不能忘。今日吾國人則於先總統蔣公往年所發起之新生活運動，亦已淡置不問。

至其來臺後所提倡之「文化復興運動」，則實繼承中山先生之三民主義之第一項「民族主義」。「民權」、「民生」則皆依「民族」來。而「民族」之主要內容，則爲「文化」。非有此文化，何來成有此民族？但今所當復興者，究屬文化中之何幾項？又當取何途徑來復興？則今國人亦尚似無定見可共遵循。抑且文化之最具體者，正在生活上。先總統蔣公前後所提倡曰「新生活」，曰「文化復興」，兩者間究有何等關係？則今國人似已少問及此。

余今所提孔子「忠信」一條，似爲中國人講究生活一最主要之項目。今吾國人日誦國歌，亦有「必信必忠」之語、余所提孟子「不嗜殺人者能一天下」一條，又似爲中國文化理想最後、最高一項目。國歌中亦有「以進大同」語。而今日全世界情況如此，吾國家處境又如此，則試問不忠不信，又豈是中國當有之生活？而修武裝，能殺人，又豈是中國傳統立國之大道？但必忠必信，而惟以和平不殺人爲修身、治國之大計，則又何以處當前之大勢？此中誠有極多問題，亟待商討。適逢先總統蔣公逝世之七周年，不禁率爾提出，竊願吾國人繼有大知大勇者出，上承孔、孟，近守中山先生及先總統蔣公之遺志、遺訓，揭示於吾國人之前；使吾國人知所追隨，以共維吾民族五千年相傳之文化，而共得一當前日常可遵循之新生活，以共渡此難關，而獲睹一光明之前途。此非吾國人所日夜禱祝以企求之所在乎？敬以此爲先總統蔣公逝世七周年之紀念辭。

一九八二年四月五日錢穆敬撰

（一九八二年四月五日青年戰士報）

先總統蔣公九六誕辰獻辭

一

一國家、一民族之長期生命，及其歷史上之盛衰興亡，治亂安危，一切演變，則胥視兩大要項以定：一曰文化傳統，又一曰社會情況與風氣。近百年來，西化東漸，吾國家民族禍害相尋，迄無寧日，而每下愈況，亦惟此是視。

姑據一例言之。如國人競謂中國傳統政治乃屬「帝王專制」。此一語，在革命排滿時作宣傳，亦一時之方便；若論歷史眞象，則絕不然。近代國人誤解史實，輕蔑傳統，其爲禍之烈，乃有不可勝言者。首之，如袁世凱洪憲稱帝，身敗名裂，貽害國家，更深巨鉅。亦以誤信帝王專制乃中國歷史傳統，依循自易，既於己有利，亦於國無害，更何忌憚而不爲？更甚者，則爲毛澤東大膽自比秦始皇。其紅衛兵之「文化大革命」，較之秦代之焚書坑儒，殘暴慘酷，猶逾百倍。亦以誤信帝王專制乃中國傳統，而敢於出此。其遺禍國家民族，乃將歷世而莫贖。

其實中國古代唐、虞、夏、商、周三代，乃屬「封建政治」，舉國共戴一中央政府。王畿千里，乃天子政令之所限。其他地區，則封建諸侯，各自爲治。西周東遷，一時人心尚有一中央政府之存在，於是齊、晉霸業，乘此繼起。下迄秦代統一，如魯、如宋，諸小國尚各擁有八百年來之宗祚。當時中國，何嘗爲一帝王所專制？

秦以後，改爲「郡縣政治」，全國僅有一中央，不復有諸侯。然爲天子者，除偶有封禪巡狩外，亦不輕離國都。求如清代乾隆遊江南故事，一部二十五史中，絕少其例。故謂中國乃全國共戴一中央政府，尊其政治領袖爲皇帝、爲天子，其位世襲，非大亂莫易，斯則有之；謂其全國政權，由帝王一人獨掌，專制全國，則無此事實。余曾有歷代政治得失一書略申之，茲不再論。

近人盛讚西方民主政治，但亦非全民皆得預政。惟社會民間事，政府少加干涉，民間多獲自由，始爲「民主」。而舉世古今，社會自由，當首推中國。則中國實當爲民主政治作楷模。辛亥革命，余生十七歲，均在清政權統治下。余爲江蘇無錫人，在此十七年幼稚記憶中，絕未聞兩江總督、江蘇巡撫有前來無錫之事；亦未聞有常州知府前來無錫事；並不聞有無錫縣長前來鄉間事。舉族長老，畢生未睹縣官一面者，當占百分之九十以上。足跡未履縣城者，至少亦當在百分之五十以上。無錫城、鄉交通非不便，而居民安居樂業，一若不知尚有一統治階層之政府在其上。偶有事故爭端，則訴之鄉間紳士。其時吾鄉之爲紳者，乃余三房某伯父。余幼年即屢赴其家。四圍十里之內，彼即爲其一自由代表，如是而已。及民國創建，此等皆謂之「土豪劣紳」，不得再與聞民間事。而民間一切事，遂由上層政府直接統治。以余幼年所知，余之三伯父，「土」則有之，「劣」殊無當。民間信服，羣加尊崇，一鄉和樂，亦未聞有大爭端不得解決者。

余之幼年，又絕未聞有「警察」或「巡警」一名辭。惟上海租界始有之。英國人用印度人爲之，稱「巡捕」，俗呼「紅頭阿三」。然社會民間事，仍不願訴之政府，遇有爭端，多在茶肆集會討論，稱爲「吃講茶」。講議畢，是非即定，不再有爭執。又其時有幫會，下層民間，如洋車夫、店舖傭僕，一應勞工，莫不受幫會之管理，實亦民間自治團體也。中國民間不喜政府上層干預有如此。而其不煩政府上層干預，能自治，能自安，亦可知。

其先知慕效西方者，乃從上層政府起。滿清北京政府先有警察，乃政府一排場，一派頭，一國際禮貌；其在國內實無所用之。某一德國人來北京，出遊郊外，不見一警察，大驚詫，以爲偌大一國家，何得無警察，而亦社會治安？此必有故。遂留中國不返，認識中國字，讀中國書，成爲一漢學家。雖於中國文化傳統未能深有所入，亦可謂一有志好學之士矣。

至於中國各地何時始遍布有警察，余則漫不知。要之，中國社會治安，本不賴警察。而警察亦更不屬政府中一重要單位。余抵香港，英國人所用警察，已多爲中國山東人，此乃中國社會稀有一職業。而當警察者，在其心中，亦不認爲我乃爲政府服務，而自認乃一江湖職業，爲社會除暴安良，乃俠義行爲。故香港警署中，懸關公像，朝夕焚香膜拜。此乃中國人一種民間心理，社會習慣，乃寓有深厚文化傳統之一表現。惟近人則率以「迷信」二字斥之，不加尋究耳。

中國之社會自治，再舉一例，則爲中國社會之商業。政府所注意者，凡屬公共利益，爲民衆共同需要之事業，則不許商人私家經營。如鹽、如鐵，遠自西漢起，即有種種制度加以管制。其他類是者，如道路交通、漕運水利及其他礦業，皆然。故中國以廣土衆民，地大物博，即國內商業，自戰國以來已日興日旺，而永不能有資本主義之產生。但商業繁盛，乃亦爲其他民族之冠。惟商人子弟不許參加考試，進入仕途，則爲一大限制。至於社會之富，直至近代，不論在前清乾隆時，即下至道光時，亦尚爲舉世之冠。全國各城市，均屬一政治單位，決非一商業單位。北方如首都北平，長江下游如蘇州，上游如成都，南方如廣州，其爲中國一大都會，北平已歷八百年，其他諸城均兩千年；然商業皆僅爲社會民間生活之一部分，絕不見有特出資本獨霸之迹象。遊此諸城，一覽可知。然謂之商業不自由，則大不然。即此一端，研討中國文化傳統與社會情況者，誠當加以注意，而深求其所由來也。

今國人於政治，則斥之曰「專制」。於社會，則鄙之爲「封建」。凡西方人所反對輕視，則一以加之中國之固有。乃似中國上下，無一而可。則惟有「捨其舊而新是謀」之一途。又無奈吾國家民族之舊，已歷四、五千年，而今日之新，則又月異而歲不同。於是民國以來，於政治革命之外，又繼之以新文化運動，乃及社會改革運動。於取法日、德以後，又改而取法英、美，取法蘇俄，以迄於今，無定局。

二

余以一鄉村窮儒，民國開國以來，即轉輾小學、中學，授讀爲生。於民國十四年，開始得讀孫中山先生之三民主義。獨於國家民族治平大道，首本民族主義，以推尊傳統凌駕於取法世界新潮流、崇揚西化之上，而獨有其主張。私心驚訝，認爲其書中之一字一句，乃余有生以來所未知、所未聞，開我茅塞，一若青天白日之照耀於我前。而中山先生則已於是年春逝世，亦如四、五千年來之古人，亦如陳子昂詩所謂之不可見矣。

民國三十一年，余在成都，始蒙蔣公召見，垂詢逾時，並賜宴而退。爲余生平直接與國家元首晤面交談之第一次。時値軍事倥傯，國難方殷，余以一書生，向不履仕途，亦未獲與當代政界人物有交往，而得此意外機緣；求之已往之國史，求之當代之世界史，亦可謂少此前例。當日所談乃全屬有關清初晚明諸遺老之學術思想方面者。此誠曠古今而稀有之一奇遇也。自後又曾兩次蒙召赴重慶，講學於復興關，屢蒙召見賜宴，所談亦只限於宋、明諸儒之理學爲止。

及余避赤禍至香港，又蒙蔣公召見，赴臺北；以後幾乎每年來臺北，必蒙召見。所談則轉爲語、孟、學、庸，亦大體以中國學術傳統爲限。余常自念，孤陋迂愚，學無所成，蒙蔣公特達之知，惟增余內心慚恥；藏之寸衷，自作自勉。然又念蔣公之對余，則豈不亦已表現其平居好學不倦之精神？雖求之友朋間，亦不多遇。而況其在對日抗戰時之一日二日萬幾，及其來臺灣後之臥薪嘗膽、不忘在莒之艱苦心情，而猶能有如此之表現；此其平居之修心養性，必有大出於尋常人千倍、萬倍之上者。余亦嘗稍窺史籍，求之古代，以一國家之元首，秦、漢以來，歷代帝皇，能如蔣公之下士劬學，歷久如素，亦復共有幾人？此在吾國家民族之傳統文化上，豈不當大書特書，加以異常之記述。而以近代社會風氣言，各專一業，各務一事，如蔣公畢生擔負政治上之最大重任，而其猶能分其心力於儼如一學者之所爲，其尊視我國家民族之古聖賢，重視我國家民族之古典籍，此爲可譏，抑爲可尊？亦當值國人之研思。余則親身預於其事，雖於己則言之惟增愧慚，然於歷史上如此大事件，時代風氣上如此大表現，而余乃避其私嫌，默不敢加以表揚，究亦爲事理之當然乎？此又余所反復而不安者。

三

今年又值蔣公九十六之冥誕，青年戰士報來徵余文。余再三思維，念蔣公之履險如夷，其堅貞不拔之精神，與其虛懷若谷、好學不倦之胸襟，亦豈不如余所謂乃吾國家民族文化傳統與社會風氣深根固柢之兩大基本所在乎？蔣公之畢生志業，固皆承中山先生來。如孫、蔣兩公，一可以上承吾國家民族之文化傳統，一可以領導吾當前之社會風氣。苟吾國人，能上下一德，能堅貞不拔，毋忘在莒；又能虛懷若谷，不自滿足；而更能勿忽於吾國家民族五千年之歷史文化大傳統，以爲當前建國興國之大本源所在；則庶可亦稍慰蔣公在天之靈於無憾矣。而余之不辭覼縷，復此申述，亦豈所以報蔣公知遇之恩於萬一乎？臨筆惶慚，不知所云。

一九八二年十月三十一日錢穆敬獻辭

（一九八二年十月三十一日青年戰士報）

存在決定意識

一

「存在決定意識」這句話我是贊同的。但我對這句話所贊同的意義，卻與目前唯物史觀共產主義者對這句話所推展引伸的意義恰恰相反。我認爲人是「第一存在」，人的意識只是「第二存在」。沒有人，決不能有人的意識；因此，只能由人來決定意識，不能由意識來決定人。而目前的共產主義者卻偏偏要用人的意識來決定人。換言之，他們要把意識來決定存在。他們目前所推展引伸的，恰恰和他們自己主張的那句話的含義正相反對。

人是一個存在，資產階級也是人，無產階級也是人，就第一存在而論，同樣是個人。既有人的存在，於是而始有人的意識。「階級」只是人的一種意識，無論如何，最高只能說它是第二存在。先有了人才始有階級，不是先有了階級才有人。深言之，沒有人的階級意識，也就無所謂階級。我信仰

「存在決定意識」，我們可以有此意識或不要此意識，但我們卻不能根據此意識來許此人存在或不許那人存在。「階級鬭爭」是把意識來決定存在，不是由存在來決定意識。

但這並不是共產黨主義者獨有的毛病。從古到今，人類犯此病的太多了。有色人種、無色人種同樣是人，同屬一個存在。在此存在下始有有色、無色之意識產生。若使沒有人之存在，那能有有色與無色人種之意識分別存在呢？但可憐有些人卻想把意識來決定存在，只許有無色人種，不許有有色人種。

信仰某種宗教的，和不信仰的，同樣是人，同屬一個存在。在此存在下，始有信仰與不信仰之意識分別。但信仰者卻不許不信仰者之存在，於是有宗教流血之大悲劇。

共產主義亦成爲一種宗教，便只許信仰者存在，不許不信仰者存在。信仰共產主義便信仰有階級，便信仰只許無產階級存在，不許有產階級存在；這正如回教徒不許耶教存在，耶教徒不許回教存在一樣。也如耶教徒中新教不許舊教存在，舊教不許新教存在一樣。

二

先有了人的存在，始有國家意識；但也可以天下一家，而沒有國家意識。這始是存在決定了意識。若你只許這一國存在，不許那一國存在，則是又想把意識來決定存在之謬誤觀念。人類悲劇，皆由此最大的謬誤觀念產生。

父與子是一種存在，是一種人與人間的關係之存在；有父子關係即「人倫」之存在，始有父子意識之存在。階級也算是一種存在吧！或是貴族與平民階級之對立，或是資產與無產階級之對立，同是一種人與人間關係之存在。因有階級存在，遂始有階級意識之存在。但只能由存在來決定意識，不能由這一存在意識來決定那一存在意識，不能單憑階級意識之存在來決定父子人倫意識之存在。現在則只許人有階級意識，不許人有父子意識，要人在階級意識下來取消父子意識。這依然要想由意識來決定存在之另一姿態。而況父子關係是天生的，階級對立是人爲的，要用人爲的來決定天生的，這又是想把意識來決定存在之一例。

國家要求人死，人有樂生之心，而在國家要求下不得不死，此本是人道中一悲劇，不是人道之正常。人有孝父母、愛妻子之心，國家要求人離父母、拋妻子去爲國死，這又是人道中一悲劇，不是人道之正常。非正常者，到底不可久，因此戰爭決不能持久，終必轉歸和平。國家也最多只可要求人死，不該更要求人不紀念他的家。目前的共產主義者要求你爲階級而死，更不許你爲家而悲，說這是「溫情主義」，只許複雜的人類僅有一種關係之存在。這不是由意識來決定存在是甚麼呢？

人是第一存在，只該由人來決定意識，或否定意識。意識最高只是第二存在，有了人始有意識。只該由人來判決該意識之應否存在，不該用意識來判決人之應否存在。戴東原所謂「意見殺人」，即是指的用意識來決定存在，而那些人卻認此爲天經地義。

三

理論是屬於意識的，有「是」也可有「非」。「人」是一個存在，是人便是人，不能同時又說他不是人。因人同樣是人，所以人該存在，即人人該存在。而人的意識有不同，因此不同意識可以同時存在，或把此種不同意識漸求其同，卻不該把此一意識來否定其他一切意識，並否定其他一切意識之背後的眞實存在——人。

所以孔子教「仁」，佛陀教「慈悲」，耶穌教「博愛」，只有這一意識可與人之存在同存在，只有這一教訓可與人之存在同存在。馬克思教人從事「階級鬭爭」，只許這一階級存在，不許那一階級存在，又不許「階級鬭爭」一意識之外有其他意識存在，即不許人在這一關係之外有其他關係之存在。在目前馬克思的階級鬭爭論似乎也將成爲一宗教，但斷不能成爲與人類存在同其存在之宗教，此層決無疑義。只把「存在決定意識」一眞理來判斷，即可瞭然。

人的存在是第一的，人的一切意識與理論之存在是第二以下的。只可有一生二，不可能容許二滅一。一滅了，二即不存在；二滅了，一還是一個一。凡用一個理論來分別人類，在人類的整個存在中劃分界線，要求此存彼滅，這一要求永遠必然要失敗。

（一九五〇年十月二十日香港民主評論二卷八期，以筆名蔡寬發表。）

半世紀之中國

一

五十年來之中國，我們竟可說它是一個動亂的中國。何以是一個動的中國呢？因爲舊的中國站不住，迫得它不得不往前，所以要動。何以是一個亂的中國呢？因爲它雖不得不往前，然而究前向何處，則彼此無同一的目標，先後無同一的趨嚮。有人主左，有人或主右；有時向前，有時或轉向後；意見紛歧，步調錯雜，所以要亂。

這一種動亂，遠自一百年來已開始了。清代道光末年的太平天國主張推翻滿洲政權，但同時主張把中國文化傳統也推翻，孔子廟要焚燒，耶穌是「天兄」，洪秀全是「天弟」，他們的國號是「天國」，於是激起曾、左、胡、李之反抗。光緒庚子年北方的拳民，他們感到外來西方力量，不得不抵抗；要抵抗西方力量，轉回頭來且保留清政權，於是扯起「扶清滅洋」的旗幟，他們想憑畫符念咒來抵禦西方的洋槍火砲；於是在八國聯軍進攻北京的當口，南方督撫竟宣告中立。彼此意見不一致，先後步調不一致，這已是近五十年來中國動亂之一個前影。

戊戌變法，康、梁一派主張只要立憲，不必排滿。孫中山先生所領導的興中會、同盟會則主張一切該從排滿革命開始。章太炎甚至主張可以不要立憲，卻不能不要革命。

辛亥革命成功，總統制、內閣制，又成一時爭論之要點，究竟學美國，還是學英國？更有人卻主張還是要個皇帝，於是洪憲稱帝之後，又繼之以宣統復辟。

這兩幕戲完了，有人主張武力統一，更有人主張聯省自治。新文化運動則主張從本源處下手，政治革命不徹底，該來一個文化革命。「打倒孔家店」、「非孝」、「禮教吃人」、「線裝書扔在毛厠裏」、「廢止漢字」、「全盤西化」，都成爲一時的口號和理想。

從新文化運動裏面又分出一支派，李守常、陳獨秀，認爲文化革命依然不徹底，本源處先該從社會革命、經濟革命做起；於是有中國共產黨。

孫中山先生在廣州再造國民黨，後來北伐成功，全國統一，但共產主義和三民主義始終對立，始終有一派人想追隨蘇維埃。同時又有人卻想效法德、意，追隨法西斯與納粹。對日抗戰以後，許多人則主張違棄孫中山，全部學英、美。這些意見，始終未見有一更高的結合，更高的調和。思想意見的差異，引起政治上的明爭暗鬪，此起彼伏。這五十年來的中國，便在這明爭暗鬪此起彼伏中永遠動亂。

二

但這五十年來的中國，也並不是沒有進步。我們要推翻滿淸政權，這是辛亥革命的成功。我們要推翻舊文化傳統裏的許多渣滓黑暗和不合理的部分，這是新文化運動的成功。我們要推翻軍閥割據，這是國民革命軍北伐的成功。我們要保持國家民族之自由和獨立，這是對日抗戰的成功。大體說來，只要獲得全國人民心理共同的擁護的，無有不成功，而且其成功也極省力，不化大力氣。除卻對日抗戰是例外。其餘的種種意見、種種鬪爭，正爲是並沒有深入民心，並不能獲得全國民心之共同擁護，而終於失敗，終於徒然引起許多糾紛、許多曲折來。

若使太平天國，不把「天父」、「天兄」作號召，不把中國傳統文化作革命的對象，太平天國也早已成功了。此後的事，全可以此爲例。這五十年來的中國，或可說一百年來的中國，只有孫中山先生的一句話，可說是深入民心，把握到這一時代的內在精神。這即是說「在求中國之自由、平等」。這一個要求，逼得中國不得不向前，不得不動。但如何始可求得中國之自由、平等，則各種意見不同，方案不同。失敗全失敗在此等意見與方案上。但他們雖失敗，他們也各據有一段時間的力量，來在五十年來的中國史上增加動亂的程度，和延長動亂的時期。當知此種力量，並不由他們的意見和方案所發生，乃是沒有恰當的領導而誤爲他們所利用。太平天國的力量，並不在太平天國之本身，而在中國一般民衆。這一種力量爲太平天國所利用，而太平天國領導錯誤，因此終於失敗。直到今天，共產黨像是也獲到一段時間的力量，但這些力量，並不是共產黨和共產主義本身的力量。當知這一番力量，仍在中國一般民衆，仍因於是沒有獲得恰當的領導而誤爲共產黨所利用。共產黨命定了他們失敗的前途，但這並不是中國民衆本身力量之失敗。若使此後仍沒有一個恰當領導，中國民衆在其期望中國自由、平等之內在精神之強烈要求下，仍必有其他意見、其他方案來利用、來領導，而使中國繼續動亂。直要到有一個能把捉到全國人心之內在要求之眞確領導出現，這一個力量纔能導歸正流，中國纔能有其安定和強盛的展望。

何以此五十年乃至一百年來，中國長在動亂中？正因爲中國本身有一番力量，而沒有一番恰當的領導來使之得有正常之發洩，此層已在上文申述。何以此五十年乃至一百年來的中國，長在動亂中，而此一股力量仍未消失，仍能繼續要求向前？此則不能不承認中國民族內在潛力之旺盛。此即中國傳統文化之蓄力，雖屢經摧挫、屢經磨折而終於仍是在百折不撓，蓬勃前進。我們必得明白承認這一點，我們乃可在中國傳統文化之內在潛蓄力中來認識近五十年乃至一百年來中國人心之眞切要求，而把握到其動力之眞源頭。如此引導，纔是將來新中國之眞出路。否則若只知道從外面剽竊別人家一些皮毛，回過頭來，要想把中國自己傳統文化痛快斬絕，把中國全體民衆重新教育，重新安排。此種高視濶步，看不起民衆，看不起傳統，只有他懷有海外奇方，可以起死回生，那仍將是以耶穌爲「天兄」，史太林爲「可愛之太陽」、「可愛之鋼」之變相的意見與方案。「殷鑑不遠，在夏后之世」，你不要認爲耶穌爲天兄是可笑，史太林爲可愛之鋼便不可笑。但你也且莫只知道耶穌爲天兄、史太林爲可愛之鋼是同樣可笑，而與此相類的又覺爲不可笑。

近五十年乃至近一百年來的中國人，在其內心深處，正是不斷在求中國之自由、平等。這一種不斷的要求，必然發自中國傳統文化之內在潛蓄力量，深藏在全中國人心中，一百年來依然活躍存在。若你認爲中國傳統文化根本無價值，則此五十年乃至一百年來之中國人，也將根本不會有要求中國之自由、平等之懇切心情。若使沒有這一番懇切心情，你將鞭也鞭不動，打也打不起。你莫認爲洪秀全只憑耶穌爲天兄便能創建他的太平天國。你也莫認爲毛澤東只憑藉馬列主義與可愛之鋼的史太林，便能創建他的「人民民主專政」。你先莫看輕中國一般民眾之本身力量。你要認識此種屬於一般民眾之本身力量，你該莫看輕他們內心深處所蓄藏的文化潛力。若無此種文化潛力，則一般民眾將不會有力量。

若使中國傳統文化根本無價值，則此五十年乃至一百年來的中國民眾將不會有力量。若使此五十年乃至一百年來的中國民眾，像一般智識分子所指摘、所輕薄，只是壓迫在四千年來中國傳統「專制政治」與「封建社會」下的一羣奴隸與牛馬，則他們將不會懂得要求中國之自由、平等，也不配來爭取中國之自由、平等。近五十年乃至一百年來的中國，也根本不會動。若使我們從頭認識得這一點，近五十年乃至一百年來的中國，必然是一個動而進，決不會是一個動而亂。

三

讓我總括再說一遍。惟其中國傳統文化有價值，惟其中國一般民眾有力量，纔使近五十年來，成爲一個「動」的中國。惟其一輩智識分子、領導人不承認這一個價值，不承認這一個力量，纔使近五十年來成爲一個「亂」的中國。我們要希望新中國之動而進，不再讓其動而亂，則我們該從頭認識中國的文化價值與民眾力量。此乃二而一，一而二，不可分離的一體之兩面。

（一九五〇年十二月自由青年一卷八期）

火珠林占易卜國事

一

朱子定易爲卜筮書，此誠千古卓見。余在四十五年前，曾草爲易學三書：一易原始，二易本事，三繫辭辨。乃本朱子意發揮。惟第三卷未成擱置。抗戰時在成都賴家園，前二卷稿爲白蟻蝕去大半。曾憶吳江沈生鈔我此稿，乃勝利歸來，沈君蹤迹迄未訪得。竟不知此稿仍存天壤間否？

近兩月來，爲聯合國中國代表權一案，閉門稍閒，夫婦輒每談及。本月二十四日，得某方電話，云該案消息不佳，或遭失敗。吾妻聞而慨切，欲余試以易占。余曰：「我雖信有此事，然從未試過。」妻曰：「既如此，正當一試。」余曰：「此當先之以虔誠。我對此信未及，恐虔誠不够。」妻曰：「我自問虔誠，可由我主占。」遂爇香膜拜，用火珠林法，取一九七一年臺灣一圓新幣三枚，由妻擲之，六擲得止澤損之卦。余曰：「有是哉 此占可謂巧驗。」

曰：

二

卦名損，無論聯合國如何表決，要之於我爲損，此一驗。然此卦乃「元吉无咎」之卦。其辭曰：

損，有孚，元吉，无咎，利有攸往。曷之用？二簋可用享。

我在聯合國尚多友邦，此「有孚」之一證。即在反對國方面，輿情尚多同情我者，此「有孚」之二證。海外僑民，莫不擁護我政府，此「有孚」之三證。全國內民衆，信戴政府，上下一心，更不待言，此「有孚」之四證。謂「二簋可用享」者，臺灣民衆加之海外僑胞，已近四千萬；友邦可信賴，亦至少逾三十國；豈不遠勝於「二簋」之薄？爲此事而占得此卦，豈不爲恰切靈驗之至！

卦之象辭則曰：

山下有澤，損；君子以懲忿窒欲。

矢二、釋之曰：

君子脩身，所當損者，莫切於此。

竊玩此卦，損自外來，而正值損之時、損之事，則占得此卦者，惟當以損之道自處。損之道則莫切於「懲忿」、「窒欲」之二者。私人脩身，國家立國，皆當如此。今日我國人處此現境，所最當戒者，一切忿怒、忿痛、忿怨，凡屬忿心，皆要不得。此一當損也。一切之欲，不論公私、大小，虛驕之氣，浮誇之想，好大喜功，急功近利，皆由欲心，均所當損。此二當損也。若值損之時，遇損之變，而不守損之道，尚是多忿、多欲，則不得認爲占得此卦即是「元吉无咎」。此占者所當知。而易之教人深切，亦於此見矣。

今再試就六爻申釋之。

初九：已事遄往，无咎；酌損之。

此爲卦之初爻。「已事遄往」者，謂一切過去受損之事，當快速過去，不爲深害。但當就現狀斟酌自損。若能明得此義，自可勿多忿，勿多欲。

九二，利貞，征凶；弗損，益之。

時而値損，本屬一現實教訓。能獲得此教訓即是「利」，故曰「利貞」。但在損之初際，最好能自守。「征」，向前義。若多忿、多欲，刻意向前，妄求進取，此則凶道。果知此，則自可弗再遭損，反多得益也。

六三，三人行，則損一人；一人行，則得其友。

朱子釋之曰：

兩相與則專，三則雜而亂。卦有此象，故戒占者當致一也。

隱居無悶，獨立不懼，退出熱鬧雜亂之場合，一人獨行，反而得友。向外多求，或彼或此，反增疑亂。損爲「有孚」之卦，在外得孚，必求之在我之獨，不求之向外之多。若在外受損，能善體卦義，獨往獨來，不患無反，故曰「利有攸往」也。二爻尙以「征凶」爲戒，此爻則一人可以有行，時漸進，事漸變，居損亦可以有爲。然終當守損道爲之也。

六四，損其疾，使遄有喜，无咎。

處此卦者，當守損道，然所損不僅如象辭所謂之「懲忿窒欲」而止。忿、欲以外，儻有其他疾痛，同足召損；當一一損其疾，使快速有喜也。

六五，或益之十朋之龜，弗克違，元吉。

如上四爻，皆以損道自守；時移勢易，乃有從外面來益以「十朋之龜」之大寶，使守損道者雖欲辭而不得。此損卦之所以爲「元吉」之卦也。

上九，弗損，益之，无咎，貞吉，利有攸往，得臣无家。

到此時，外面不僅不加以損，而競來益之。獲得外面各方之大助，而不復限在一小範圍之內，故曰

「得臣无家」。居損之時，忿當損，欲當損，凡疾皆當損；雖是一人獨行，而獲得天下之爲友爲臣，則無有往而不利矣。

以上全錄損之卦辭、爻辭、象辭，一一若皆針對當前我國家之處境，斯誠不可謂不驗。而其所加於吾儕之教訓，亦不可謂不切。儻吾黨能各自就於各自之處境而善加體會，相與互勉，眾志一心，則此卦之爲「元吉」，洵可確然無疑。

吾妻聽我解釋，深詫占易有驗，而復寓有深義。因謂有內心私事，亦欲乘此一占。余曰：「易有之：『初筮告，再三瀆，瀆則不告。』此占因君虔誠，故得驗。若一再求之，恐虔誠之情稍不如前。不如暫此停止，出門散步，俟歸來晚餐後，前情稍遣，後誠復凝，乃試爲之。」及晚餐後復卜，乃復驗如前占。於是益增我夫婦對前占之信心。

三

是夜，余因與妻暢談易理。繫辭之上傳有曰：

聖人設卦，觀象繫辭焉而明吉凶。君子所居而安者，易之序也；所樂而玩者，爻之辭也。君子居則觀其象而玩其辭，動則觀其變而玩其占，是以自天祐之，吉无不利。

此謂精於易者，可得天祐，可以無往而不利。所以者何？「事」有變化，非可預言；而「理」則寓於事而有定。得於理則吉，失於理則凶，可以先知。易之爲書，雖只六十四卦，三百八十四爻，然而世界古今，事態萬變，歸而總之，亦不出此六十四卦三百八十四爻之象之外。天之變，不外晝夜寒暑；地之變，不外高卑易險；人之變，不外男女剛柔。「易簡而天下之理得」，得其理斯可以馭其變。玩辭貴乎能明理，玩占貴乎能通變。如今晚爲聯合國事占得易之損卦，作易者遠在三千年前，焉知今日之有聯合國？焉知今日聯合國開會之有中國代表權問題？事則變矣，然我國家今日遭此變，則必有所損，非有所益。古今中外歷史上國家民族，遭變受損之事何限？但處損之變，當知守損之道。得其道而順乎理，則損卦乃爲一「元吉无咎」之卦。易之爲書，貌若神秘，實至切近。乃人事之薈萃，乃應變之通則。苟其人明理而守道，雖不學易，亦可與易之所言暗合；苟其人不明理，不守道，雖日日讀易，日日占易，亦將無吉可求。故易雖爲卜筮書，然學易者每不以卜筮爲事。

事有本末、內外，此亦所謂「易之序，君子所當居而安」。序者，次第。今日國家值此變，亦必有其次第來歷。然處損則當守損道，求能出損，其間亦有次第。若遽欲劇有所變動向前，此非處損之道，而或不免於忿欲之私。此正易象之所戒，必當懲而窒之者。當知天地間一切事，盡在變化中。故損卦初爻，即告人「已事遄往」，只求酌損而止，此即戒人以「懲忿」。然九二之爻又有「征凶」之預告。此即戒人須「窒欲」也。此乃處損最要之義。然何者爲忿？何者爲欲？此須占者自能反躬內求。亦有義憤塡膺，而實不免於爲忿者；亦有奮發爲雄，而實不免於是欲者。夫義憤塡膺之與奮發爲雄，又誰得而非之？然非君子居損所當安之序。損來自外，而我能以損自守，則外來者將於我不復是損而轉成爲益。此中機栝，甚爲微妙，則非徒知問吉凶者所能知也。

自守以損，乃事之本；轉終得益，乃事之末。一如耕耘，一如收穫。損道自守，其事在我、在內。「有孚得朋，或益之而弗克違」，其事則在外、在人。當知處損而終於自上祐、大得志，其間亦有一段過程。能自守而安於此過程者則吉；不能安而必欲蔑此過程以冀得志，則是在卦之初九已望卦之上九，此非「欲」之當窒乎？望而不得，橫生厲氣，此非「忿」之當懲乎？

若以「心」與「事」分言，則心是本在內，事是末在外。必先有此心，乃後見於事。以易言之，占得此卦者，宜一切務自損，勿求益。此所謂損，只是一切要不得者。能先將一切要不得者除去，則要得者自來。先本重內，則我心之忿與欲最要不得，最當先除。此是處損共通之大原則。至於今日我國家社會，乃至我全體國民各私人間，有何等事爲要不得而先當損？此則落入實際問題，有待吾儕各自之智慧與見識來作判斷。苟若人各有見，言人人殊，徒起紛爭，則將不見有所損，又反而平添出許多橫議浮論，則決非處損之道。若果能先懲忿，先窒欲，正本清源，則庶乎有豸也。

繫辭又言之，曰：

吉凶者，失得之象也；悔吝者，憂虞之象也。

朱子釋之曰：

吉凶悔吝，易之辭也。得失憂虞，事之變也。得則吉，失則凶。吉凶相對，而悔吝居其中間。悔自凶而趨吉，吝自吉而向凶。

竊謂事變皆本於心情。憂者憂患，虞者安虞。憂患之心易生「悔」，安虞之心易生「吝」。若自今日之變觀之，則正當憂患，能悔而得，則自然趨吉也。易者憂患之書，有一言而可盡者，以憂患之心行易簡之道，則事無不吉。忿心、欲心，既非憂患之心，亦不能走向易簡之道，所以處此際，此忿心、欲心乃在所必損也。

今再推而言之，如聯合國通過阿爾巴尼亞案，此在聯合國自身乃一大損。美國案遭否決，亦美國一大損。聯合國受損，美國受損，舉世各國皆將因之受損。今日之世界，正亦值此損之一卦。居此際而反其道以求逞者，斯必凶。我今日國家處境，所以仍能占得此損之一卦，終爲元吉有孚，自上祐而大得志者，正在此。然亦尚待我之守其道而好爲之，此則可以不煩多言也。

余自四十五年前，草爲易原始、易本事，主要即爲發揮朱子「易爲卜筮書」之義。然四十五年來，始終未曾用易爲卜。茲値國家遇變，余夫婦亦不勝其憂患之情，乃偶而及此，初不料獲此巧驗，一時夫婦相對以慰。越兩日，聯合國表決消息至，我國家乃受損之尤。輿情轟然，報章與友人，皆來邀余有言。然念蔣公對此事已有明訓：「莊敬自強，處變不驚。」國家命運操在己，不操在人。國人遵守此旨以往，又何往而不利？國人有言，亦無以逾乎蔣公之明訓。余事前既有此卜，又卜得此「元吉无咎」之卦，因竊略抒其玩占、玩辭之所窺，舉以告我國人之同此憂患者作一參考。或易義與蔣公明訓有可相發，則余之斯篇，亦不無涓埃之助。然又念或者將疑我爲迷信，責我爲空談，此則余之罪也，亦所不敢辭。

（一九七一年十一月四、五兩日中央日報副刊）

再記火珠林占易卜國事

一

余自幼即喜讀易，古今易學名著，鮮不瀏覽，但最後終信朱子「易爲卜筮之書」一語，認其最爲扼要而中肯。惟余始終從不占易。直到一九七一年，中華民國退出聯合國，其時心情甚鬱悶，試以火珠林法占易卜國事，是爲余有生以來七十七年中第一次之占易。曾爲一文記之，刊載是年中央日報十一月四、五兩日之副刊。

最近自周恩來去世，毛澤東病危，夫婦閒談國運，內人又屢催余再卜一卦。余曰：「最近國內必有變，不疑何卜？」而連日又見報載平、津、唐山大地震消息。內人曰：「此雖天災，然影響國內人心必巨。」再三促余試占一卦。今日晨餐始畢，坐樓廊上，內人洗手焚香，再用前法，占得自剝變豫之卦。余大幸慰，竊喜前占幸而有驗，此次所占親切有當，竟不下於第一次。余年已八十二，生平僅占易兩次，而獲此奇應，是又不可以無記。時爲一九七六年八月一日。

二

余先占得剝卦，竊謂此當爲周易六十四卦中最適切當前大陸形勢之一卦。

剝，不利有攸往。

即徵共黨之斷不有前途。而彖曰：

「不利有攸往」，小人長也。

尤切合國內形勢。共黨初踞大陸，國人流亡海外者，蓋少之尤少。就余記憶，專言學術界，其忠貞愛國，守節不渝，而淹滯大陸者何限？猶憶民國三十八年春，余自無錫南下至廣州，辭別前清時中學業師呂誠之先生思勉於其滬寓。蒙留午餐，同座惟呂師與師母兩人。呂師喫米飯一大椀，所用乃盛湯菜之椀。時師已年近七十。余不勝喜訝，曰：「師飯量乃佳乃爾！」師曰：「差矣。二、三年前尚能達兩大椀。」余默念，國事稍寧，他日歸來師生重聚，當如在目前耳。不期而時局大變。有人告余，共軍初入滬，命各大學組織維持委員會，由教授公推提名。時呂師在光華，共軍見光華維持委員會名單，曰：「何不見呂某名？可持歸再斟酌。」諸教授乃增呂師名，並首列爲主席，始獲批准。呂師素不喜預聞政治，然其生平反共意態，則不問可知。既自光華創校即任教，難違衆意，則此下之困心衡慮爲何如？乃不久而以逝世聞矣。

又吾友湯錫予先生用彤，自平迄滇，長日相從，幾於形影不離。猶憶民國三十五年，錫予自滇返平，余自川還錫，在成都又得兩旬相聚。三十七年秋，錫予自美國哈佛講學歸來，訪余於無錫之江南大學，盛歎余擇境之善。謂有人意欲留其在南京中央研究院。惟錫予亦素不喜預聞政治，不願返南京。北平又恐不可久。余謂：「國事蜩螗，無分南北。明年儻得機緣，當邀君來同享此三萬六千頃之太湖風光。」錫予終於重返北大。未半載而形勢大變。聞中央曾派送一飛機票，錫予顧念家庭，不欲獨行，乃以此機票贈其戚屬一女學生，匆匆手提一行篋得達南京。頃此女已畢業臺灣師大，去美國。而錫予爲共黨強浼其爲北大之副校長。其困心衡慮之情，當與呂師無二致。不久亦以溘逝聞。

因念如呂師，如湯君，皆純粹篤學，既恬淡爲懷，又生活有節制，有規律，儻能安於教學，呂師至今未達九十，湯君亦僅逾八十，雖猶存可也。而共黨於國內學術界知識分子，驅迫利用，無所不用其極。在南能知有呂師，在北能物色及湯君，使皆違其素守，不得以壽考終。其他受驅迫利用而中途湓亡者，就余所知，勢難縷述。此等慘況，已盡在剝之一卦中。然初六：

剝牀以足。

六二：

剝牀以辨。

而六三顧曰：

剝之，无咎。

何也？蓋易卦內卦下三爻皆指社會。以中國土地之廣，民眾之繁，縱極「剝」之能事，而剝終不盡。故剝之上九則曰：

碩果不食，君子得輿，小人剝廬。

余常念大陸學術界知識分子，今日九十尚存者猶有之；八十以上者尤多有；七十、六十以上者，更多有。此皆所謂不食之碩果也。他日一旦事變驟起，此等皆一陽在上，剝未盡而能復生，皆君子之當得輿行道者。而五陰得志之小人，則轉受「剝廬」之運，安身無所。則剝卦之所云，豈不當前近三十年來之國運與社會情勢，固已盡在卦中洩露無遺乎？

尤其是剝之六四曰：

剝牀以膚。

此爻尤具深義。在剝之下面內卦三爻，固已極陰剝陽之能事。但上面外卦，則已不指社會，而轉指政府。共黨剝之無極，其勢必將進而剝及其自身。前之所剝乃剝其安身之處，故曰「剝牀」；後之所剝乃剝及其所安之身，故曰「剝膚」。如清算劉少奇以前之鄧拓、吳晗等「三家村學究」們，即剝而及膚也。而剝之六五又曰：

貫魚以宮人寵，无不利。

此尤恍如目覩。方共黨不斷清算劉少奇、林彪，又繼之以鄧小平，則牀上此身，被剝已盡，只賸下江青及其羣小如王洪文、姚文元之流。此皆如羣魚，乃陰物之尤，小人之甚者，以宮人之寵而相率引進。蓋事有必至，理有固然，羣陰當道，其極則必至此。而爻辭竟曰「無不利」，又何也？蓋則以剝運已盡，而上面終是有碩果不食。物極必反，途窮斯變，今日大陸情勢，豈不遠在三千年前之易辭，幾已繪聲繪形，纖悉畢肖，如在目前乎？周易一書之最可貴處乃在此。論事必貴於得理，羣陰剝陽，其事也。事之演進，自陰之日益得勢而達於其極，則宮人得寵，羣小魚貫而進。其時正當六五之爻，其勢已握政府之中樞，而終亦無害於有最後一陽之碩果而不食。上九之象辭有曰：「君子得輿，民所載也。小人剝廬，終不可用也。」政府必安置於社會之上，社會被剝不能盡，而政府隨以崩潰。則周易之所言，不惟其事，乃並其理之所在而窮之矣。

三

余既占得剝卦，謂已妙盡當前大陸之形相；而又得剝之六四一爻之變而爲豫，乃益信余所占之更見爲親切而恰當。豫者，和樂義。然其卦辭則曰：

利建侯行師。

則今日以後，大陸有變，必有一番政治上新勢力之建立，而亦不免於行師可知。然剝之變而爲豫，其事則亦有待而不可以驟企。豫卦之象曰：

雷出地奮，豫。

則豫之來臨，當如雷之奮於地下，必發動於最深藏最低下處。若以巧合言，此次内人因平、津、唐山之大地震而促余占易，亦可謂地震即是雷出地奮之象；則此下大陸事變劇起，亦正符合余占所得此卦之象也。豫之初六曰：

鳴豫，凶。

此乃時猶未至，如大陸之有百家爭鳴是也。六二曰：

介于石，不終日，貞吉。

果使在大陸社會中下層，能以中正自守，其介如石，其德定靜而堅確，則事變之來，雖若已歷三十年之久，在彼固可若有「不終日」之吉。雖固共黨之驅迫利用，極其能事，然言今日大陸各個人之內心，其如「介如石」而安定自守者，決不在少數。然安定亦只可以待變。此一爻之象，乃指當前大陸社會，仍保有其一分安定之潛力；而事變之起，則固尚有待。六三：

盱豫悔，遲有悔。

象曰：

「盱豫有悔」，位不當也。

此爻已在社會之上層，其地位與上面外卦政治階層已近。愈與羣小接近則愈不當。盱者，張目而視。最近二十餘年來，大陸學術界知識分子，乃及一般民眾，固亦有不少上睎政治階層之轉向，認其可與爲善，而存心爲由剝變豫之活動；乃皆不勝其悔。若其悔而速，急自洗心革面，返而退藏於六二之「介于石」，則猶可也。苟其悔而遲，則必悔而不滌。此等事，在大陸，必多有。雖不能一一具體述說，然固可遙想得之。據是而言，則豫之一卦，在其下面內卦之三爻，即指全社會言者，同皆不獲急切盼望此和樂之豫之來臨。此爲最近三十年來之大陸情況，豈不已明白昭示，無遁形乎？

今日之大陸，其由剝變豫之主要動機，則必在豫之九四。此爻已在政治之最下層。此下大陸之變，必由其政治下層發動，此爻即已揭示。九四一爻之辭曰：

由豫，大有得；勿疑，朋盍簪。

蓋卦象已值豫運，而所由以得此豫者，則在九四之一爻。此爻乃爲一卦之主，以陽剛而居下位；但彼若決心由此豫道，挺身而起，則必「大有得」。其主要條件，則惟在一誠不疑，堅其信以廣其與，則朋類合而從之。盍者，合也。簪，疾速義。此爻以一陽處眾陰中，然苟開誠心，布公道，不疑此眾陰，則必當爲眾陰所從。如其見理不明，自心有疑，不信於朋，朋亦疑之，則其勢雖爲眾陰所向，亦將不能合，合亦不能速，又焉能「大有得」乎？故易之可貴，在其能融理於事，以理度事，以理乘勢。事勢之來，必以理應，斯則吉利隨之。故豫之彖辭又曰：

豫，剛應而志行，順以動，豫。

謂順於此勢，動而勿疑，惟此乃爲至剛之應，則志自大行。否則內自有疑，此即自儔於陰柔，何能剛應？何能順動？動不以順，應不以剛，性柔而逆勢，則亦不足以當此一爻之所占也。

六五：

貞疾，恒不死。

此爻以陰柔而居尊位，下有一剛，非其所能乘；故占得此爻者，常如有疾，但可不死。他日大陸事變之起，由剝轉豫，殆可謂已成定局。惟以積陰之久，羣小麕聚，非可即以一陽剛君子，而得居尊位。但局勢則必變。縱仍以一陰柔小人掌握中央樞機，此正如疾病未去；而我國家民族之大運，則仍當繼承不絕，如人之嬰疾而終於不死，惟仍有待於此「勿疑」而「大有得」之九四一爻之躍然崛起耳。此爻之象曰：

六五「貞疾」，乘剛也；「恒不死」，中未亡也。

以今事占之，中者，即可謂是指中國之傳統文化；此「中」未亡，則必有由剝轉豫之運。亦可曰此「中」未亡，乃人心之未亡。人心之所在，則即我國家民族文化傳統之所在也。惟一剛既在九四下位，故終不能免於有「建侯行師」之象，然亦決不是大戰爭、大屠殺之類，亦即此卦象而可知。

上六：

冥豫，成有渝，无咎。

象曰：

「冥豫」在上，何可長也？

此謂時已值豫，而積陰仍難驟消。即如中國傳統文化，其精義要旨，亦驟難彰明較著於一時國人之心中，則其時之豫，乃成「冥豫」。謂已轉入和樂之境，而仍在昏冥中，不知其所以然。則雖成而仍有渝。渝者，變也。「冥豫」何可長？仍待有變，然可「无咎」。然則此利於建侯行師而大得志以由於豫者，亦仍一暫時之局面而已。此下仍是大有事在，固不即此而止矣。此爲就豫卦而逆覘此下之國運當如此。

四

今再綜觀余此次所占得之剝、豫兩卦，皆以一陽處五陰之中。剝卦幸有碩果之不食，豫卦幸可勿疑而朋盍。然要而言之，終是陰霾積而未散，陽光存而乍露。剝固可憂，而豫亦未可恃。兩卦取象之主要皆在地。坤下艮上爲剝䷖，乃「山附於地」之象。坤下震上爲豫䷏，乃「雷出地奮」之象。繫辭上傳有曰：

君子居則觀其象而玩其辭，動則觀其變而玩其占。

余此次占得此兩卦，固當觀於當前之事變而玩之；則兩卦之以地爲象，實可以我國家民族積久流厚之文化傳統當之。我國家民族最近百年來之大變，亦惟我文化傳統之日晦日塞而已。凡有建設，必當奠基於自己文化傳統之上，此即山附於地之象也。共黨以破毀文化傳統自負，不務「厚下安宅」，而惟求剝下自厚；山不附地，何以成其山？然坤之爲卦，雖曰「萬物資生」，而必「順承於天」，地道亦陰道也，不能自動自主，故其象曰：

地勢坤；君子以厚德載物。

地雖厚而能載，仍必待於有君子者之厚其德而使載。否則非道宏人，道不虛行，文化傳統，實有待於吾人之光宣而復興之。如雷出地奮，非地之能自奮，乃必待於地下之有雷；雷則屬陽不屬陰，當爲君子，非小人。今日我國人，方競務於破毀傳統，其事本不始於共黨，而當前抱此願望者亦不限於共黨。文化傳統之或興或毀，惟有聽命於當前之吾人。而當前之吾人，則固可不聽命於傳統，而自有其所向。惟傳統之積累，已逾三千年以上，而今日吾人之存心破毀，則尚在一百年之內。故剝之上九，尚有碩果之不食。然此碩果，亦非能自保。食之食之，終必逮盡。而今日我國人尚有以此碩果未能一食即盡爲憾者。則今日之共黨固不已盡其剝之能事乎？故今日余之所占，實亦大可資我國人之警惕矣。而余此所言，或亦當疑其爲附會而強說。但觀變玩占，正貴附會。否則三千年前之易卦，又何預於今日當前之吉凶？易者，乃吾民族古聖人憂患之辭。古人身經憂患，由古人自爲解決。今日吾人亦親經憂患，亦正貴吾人之自爲解決。世移事易，而理則猶然。觀於我身當前之事變，而深玩其理之所在，則雖古聖人之辭，而理亦猶是也，又何附會之有哉！故君子之治易，亦貴「居則觀其象而玩其辭」。玩之有得，乃始可以「觀其變而玩其占」也。

抑余五年前占易，乃專意爲臺灣占。今之所占，則只爲大陸占。故所得剝之與豫，亦皆就大陸之情勢言之。若就我臺灣言，在此情勢下，果將何以爲計，知彼知己，善爲因應，事在吾人，恕不贅及。

（一九七六年八月十四日聯合報）

七十年後之新形勢

一

中國自古以農立國，農業必重「時」。並知「常」中有「變」，「變」中亦有「常」。如春耕、夏耘、秋收、冬藏，此乃一年之「變」。而年年如是，則是其「常」。一年中二十四節令，幾乎無不與農事有關，此乃逐月之「變」。日出而作，日入而息，此乃逐日之「變」。而逐月、逐日亦莫不有「常」。推至於其他一切人事皆然。「孔子，聖之時者也。」故中國文化傳統，最重「時」的一觀念。此爲中國文化一特點，亦可謂中國文化最能與自然合一，最富科學性。

中國傳統，以三十年爲一世。此是人文的，亦是自然的。人自嬰孩出生，迄於其爲幼童，而成年，而壯大，大抵四十強而仕。人到四十歲，乃在社會上主持事務，幹濟各業，如是到五十、六十、七十，則老而退。故此三十年，實爲此人一生之主要期。人變則世亦變，此是一極自然的，而亦無可違逆的。故孟子曰「知人論世」。論世如何可不知人？而知人又如何可不論世？

就世事論，人是主要的，而一切事變及物質條件則是次要的。如人之一生，衣服變了，居宅變了，此等俱是小變。此身不變，則依然是此生。逮其身死，始是人生一大變。此事又誰可否認？故世界上忽發明了有輪船，此是一大變。又忽然發明了有電燈，此又是一大變。但只要其人不變，則物質條件雖大變，而在人世上則終是一小變。隔了三十年，社會主持人事的人物盡變了，始是人世一大變。有雖求不變而不可能者。

二

如舉家庭言，人自嬰孩至於長大成人，所謂子弟時期，常只爲其一家中之附屬品。自三十至於四十，雖已成婚生子，但在家庭中，尚多有父母親作主。及其四十以後，至於六十、七十，則始成爲一家之主。七十後則退休了。當然亦可說自三十五至六十五，可勿拘泥在數字上。要之，中國古人說，三十年爲一世，其語是可確然成立的。

近代人說，父子間有「代溝」，其實此是一種自然眞理。即中國人自古即以孝道爲先，但父子之間，那裏能沒有時代隔閡！豈有父子能儼然如一體之理！惟雖有隔閡，亦尚多溝通。孫子、孫女亦尚多親視祖父母，有一段時期之同居。爲父母者，亦多在不知不覺間，爲其子女述及其父母生前之往事遺志。故一家祖孫三代，常能精神貫注，一氣相承，無所大變。但曾祖父母與曾孫兒女間，則聲氣隔絕，很難相通了。故每一家庭中，祖孫三代可以聯爲一系，而下及第四代，則自必有變。此是一種極自然之理。雖好守舊，亦不能守，此是無可奈何的。

即如孔子一家，孔子是中國一大聖人，但豈能望其子伯魚亦能如孔子般，一色無變？伯魚先孔子卒，其子子思，幼年尚及見祖父之在世。但孔子之家庭，上自孔子，下及子思，三代之後，必然會變，寧能常守其舊？孔子之家庭如此，孔子之學業傳統亦如此。孔子死後，其及門弟子如子貢、有子、曾子、子游、子夏等，傳授師道；下及再傳弟子，如子思、段干木之流，已傳及三世；此下則必變。時代變了，則人物自必變。亦是人物變了，則時代亦必變。所以一大師之傳，必待三世之久，乃可有另一新大師出現。如孟子之於孔子是已。北宋時代，如河南二程夫子出，亦一傳再傳至於三傳，及李延平，此下乃有朱子崛起。均是其例。

三

學業如此，政治亦然。如周武王開創周祚，下傳成王、康王，已及三世，則此下不能無大變。尤其可舉例來説的，如漢高祖，以平民爲天子，一時朝廷大臣，盡屬平民出身。呂后爲變，其起而平之者，盡屬與高祖並起之人。人未變，則其時代又焉得遽變？下及高祖子惠帝即位，但曹參爲相，仍屬與其父同起之人。蕭規曹隨，惠帝亦得從之。文帝即位，朝臣如絳、灌之徒，依然是其父高祖時人。文帝雖極欣賞賈誼，亦不獲重用。一時朝政，依然無可大變。至景帝即位，已屬高祖之孫。其時朝臣，則與高祖同時人已盡老死。其平吳、楚七國之亂，乃屬周亞夫，係高祖同時周勃之子。朝臣盡變了，則朝政自有變。所以自武帝起，而漢代之朝政乃大變。若以漢代之王位承襲言，則武帝已爲高祖之曾孫，已歷四世之久。但自社會大羣體言，則自高祖元年至武帝元年，僅歷六十七年。兩世六十年已過，第三世開始了七年。勿拘數字，時隔三世，舉世人物已盡變，則時代亦宜有大變。不必定要説隔三世須九十年纔大變。讀者以意會之，自可見。

下至東漢經光武、明、章三世，而朝政始變。唐初經高祖、太宗、高宗三世六十六年，下及中宗、武后二世始變。其先六十六年則爲初唐貞觀盛治之大體則未有變。北宋之興，尤可與西漢開國相擬。自唐末五代十國以來，太祖以一武臣，黄袍加身，一時並起者，皆承五代而來。直待仁宗即位，已上距太祖開國六十三年，此後社會新人踵起，先之以胡瑗、孫復，而有范希文之慶曆變法，又繼之以王安石之熙寧變法，乃顯與宋初情勢大不同。人物變，斯時代變，此又歷史上一明證。

即以清代論之，順、康、雍三世，可謂有清之第一期。乾、嘉、道三世，可謂有清之第二期。咸、同、光三世，可謂有清之第三期。而清祚遂以告終。中國古人言：「十年樹木，百年樹人。」此

「人」字乃指社會大羣中之人物言。必歷三世七十年至九十年，乃始有具體之變。所謂「百年」，則可上文「十年樹木」言，亦不當以數字拘。若就個人言，則三十而立，四十而強仕，烏有待之百年，其人早死，而復得謂之「樹人」者？豈待之其死後乎！

四

西方起於希臘，其先只在小地面上以經商爲務。商品重外銷，故其一般心理，常重在商業區域之不斷擴張。商業雖屬和平的，而向外擴張則總帶有侵略性。羅馬繼起，憑其軍力，乃以一城邦而擴張成爲一大帝國。希臘爲後代西歐資本社會開先河，羅馬爲後代西歐帝國主義樹前規。要之，西方人重視「空間」，尤過於其重視「時間」。商業重貨品，軍事重武裝，故其重視「物」，亦過於重視「人」。不憑貨品，何以致「富」？不憑武裝，何以致「強」？近代科學發展，亦可謂在其大體上仍重在商品與武裝上之應用。商品、武裝皆屬無生命的，可以不斷求變求新、求進步，無時間限止。物質條件變，則時代亦隨而變。人物亦皆追隨而俱變。故中國文化重「人」重「時」，人與時相配合，中國人稱之曰「天人合一」。西方人則重「地」，重「空間」，又重「物」。地與物相配合，則爲「資本主義」與「帝國主義」。一重自身內部之緜延，一主向外勢力之擴展。亦可謂中國文化乃一種「生命的精神文化」，而西方則爲一種「機械的物質文化」。故馬克思之唯物史觀，大體可適用於西方，而在中國歷史之演進上，則全不適合。

西方自耶教流行，乃重「天」。然西方宗教觀念中之「天」，與中國人之「天」的觀念仍不同。中國人必曰「天時」，又曰「一陰一陽之謂道」。一陰一陽即「時」之變，猶人之生死，亦「時」之變。而西方宗教信仰，則有天堂與地獄之分，仍屬「空間」觀，非「時間」觀。西方人以耶穌降生作計算，一百年爲一世紀，此種時間觀則仍屬一變相的空間觀。試問一百年中，變化何限？以中國觀念言，則百年之久已歷四世。故知西方人之紀元，實亦與人事歷史無密切之相通，亦僅一數字計算而止耳。

近代西方科學家愛因斯坦，創造「四度空間」之新理論，開始以時間觀加入其相傳之空間觀中。亦可爲西方人一向重視空間、不重視時間一明證。然以時間觀加入空間觀中，則此時間仍成爲無生命的、無機的，一種物質計算之附屬品。故自中國觀念言之，則仍爲一種空間變相的時間觀。故於史學及人文學上，愛因斯坦此一理論，乃並無其影響與作用。

五

此下仍本三十年爲一世之觀念，來言民國之七十年。在晚淸之末，康有爲即有「大變、全變、速變」之主張。「變」則中國古人常言之。孔子曰：「齊一變，至於魯；魯一變，至於道。」此不可謂之非「大變」。然中國古人不言「全變」。孔子曰：「殷因於夏禮，所損益可知。周因於殷禮，所損益可知。其或繼周者，雖百世可知。」「損益」即其「變」。有所「因」，則有不變，是即其「常」。人生自嬰孩至長大成人，及壯而強，而老而死，時時變、刻刻變，而同此一身則終無變。父子有代溝，其變大矣。然父子之間，仍多相因而不變者。故物可全變，而人文傳統亦終不可以全變。即論西歐，遠溯之希臘、羅馬，亦仍有其不能全變者。孔子又曰：「欲速則不達。」則「速變」亦有難言者。

中山先生倡導革命，創建民國，可謂中國史上一大變。然滿淸政府雖退位，其故老遺臣留至民國者爲數實多。中山先生惟求以和平建國，遂讓其第一任正式總統大位於袁世凱。此即滿淸餘孽，爲此下北洋軍閥之第一世。中山先生後自廣州北上議和，其和談對象爲段祺瑞、張作霖，則爲北洋軍閥之第二世。前故總統蔣公北伐，對方主帥爲吳佩孚、孫傳芳，則屬北洋軍閥中之第三世。其精神意氣、措施作爲，較之第二世已不同，較之第一世則大變。此乃自然應有之變之無可逃者。其他尚有馮玉祥、張學良，皆屬第三世。民國之眞統一，則須待此北洋軍閥之演變至第三世而後成。此亦自然之勢之爲人力所無可奈何者。

中山先生辛亥革命，不僅有滿淸政權所遺下之一派武力，如上述北洋軍閥之存在；亦尚有社會一輩高級知識分子所提倡所流傳之新思想新潮流。康、梁與章太炎輩爲其第一世。民初以下，胡適之輩發爲「新文化運動」，則爲此一派之第二世。中山先生言「知難行易」，以告其國民黨員，而胡適之特爲「知難行亦不易論」以相對抗。蔣故總統北伐及對日抗戰時，則此派勢力正甚囂塵上。政府勝利還都，蔣故總統曾有將行憲後第一任總統位讓胡適之出任之意。可見此一派在當時社會之聲勢與力量之猶值重視。及今「新文化運動」之第二世殆若已盡，然風氣已成，全國競慕西化，厭守舊貫。則試問中山先生之三民主義，又何得急速暢行於全國？

除此兩大勢力外，又有共產主義之日趨長大。此當以陳獨秀、李大釗、瞿秋白等爲第一世，朱德、毛澤東等爲第二世。對日抗戰結束後，此一派乘機崛起，攘奪了中國全大陸之統治權於一手已歷三十餘年之久。論此派之淵源，則實是「新文化運動」中分出。論此派分子之內涵，則亦有來歷不同。如毛澤東，實爲一道地十足之土共產。如劉少奇、如周恩來、如鄧小平，則皆遠至海外，飲過洋水，喫過洋麵包。如林彪，則從廣州黃埔軍校轉去。顯然可分三大別。迄今以後，大陸共黨之第二世，亦已所存無幾。而第三世則未經培植，是否尚能緜延有第三世，此難預見。惟決不能有土共產之再起，則可斷言。最近大陸分派大批留學生赴美國、西歐、日本；或此輩陸續回國，雜湊成第三世。

則係由政權來維持黨，非由黨來維持政權。其一切形象姿態，顯當與第二世有絕大之不同。

六

今試再言國民黨。中山先生所領導者，是爲國民黨之第一世。逮其在廣州，蔣故總統負責黃埔練軍之大任，則爲第二世。但第一世人員尚多。北伐至南京，即有寧、漢分裂。如汪精衛，姑不論其人之忠奸邪正，要之，在彼意中，在辛亥之前即已入獄，彼心中每以一革命老前輩自居，一若黨務當全由彼指揮，斷不當屈居第二位。下及政府遷重慶，彼乃逃回南京，另組一僞政權。可知第一世、第二世之間，心理上自多隔閡。今日國人常稱中國文化乃「人本位」者，此亦「人本位」中所可有之一種現象。亦猶西漢文帝時，絳、灌之徒即不樂賈誼之重用。人心千古一轍，非能有大變也。

西方人則不然。如最近美國雷根當選總統，卡特即安然去位。即其數年來相從之全班政治人員，亦莫不安然引退。新舊易位，若無事然。雙方文化傳統不同，斯人心亦不同。西方人尚法、尚權，尚多數。中國人尚德、尚位，尚少數。制度不能反於人心。民國以來之七十年，政治上種種轇轕，種種禍亂，亦由舊人心、新制度未能融洽。改制度則易，改人心則難。中山先生之三民主義，首爲民族主義。故其民權主義亦重考試，不重選舉。選舉在下面，重多數；考試在上面，重少數。故居上位，斯當尊，惟求其有德。其居下尊上，亦居下位之一德也，而豈多數結黨爭權之謂乎！中山先生必言「知難行易」，有其深意存焉。而豈徒慕西化者所能知！

下及今日，則蔣故總統所領導之第二世，亦已凋零垂盡。民國已達七十年度，正是第三世出現。一切新形象、新姿態、新風氣、新潮流將見煥然一新，不求新而自新。雖欲守舊、持舊，而「周雖舊邦，其命維新」。此即中國古人所謂之「天命」，乃是一種時間觀念與自然趨勢。此乃中國之「人本位」精神，亦文化大傳統之深意所存。而亦豈西方人之所能知！

七

西方人重「法」不重「人」，故競求變法。中國人則重「人」不重「法」，人既變，則法雖不變而實已變。惟人文傳統則終不變。孔子之言「百世可知」是矣。一部二十五史，時時在變，世世在變，主要則在「變」中求「常」，求其有一不變者。故能四千年來常有此民族與國家之存在。今已達七〇年，正已達一切必變之際，此下必然會見有一新中國出現。惟望其在「新」中仍能留有「舊」。此如民間流傳之百家姓，其書遠起宋初，至今亦踰千年，而趙、錢、孫、李、周、吳、鄭、王，家家有一祖先，遠在三、四千年之上。此即中國文化傳統之一種精神表現。不知須待何年何代，中國人肯家家盡棄其姓，人人不再有比舊宗法觀念之存在？其實每一家早已盡變，趙家寧尚王天下？錢家寧尚保有吳越爲一國之主？然則非變之難，乃求於時時世世之萬變中能維持保守一不變之難。若知此，則大陸共黨自不致改尊馬、恩、列、史；而當前之臺灣人，亦不爭求臺灣之獨立；而七十年後之新中國，仍將爲七十年來之舊中國，仍將爲四、五千年來炎黃子孫相傳之舊中國。區區之意之所望於國人者，常能精研中山先生所講三民主義之第一講「民族主義」，則庶乎近之矣。

西方人僅知有「民權觀」、「民生觀」，但不知有「民族觀」。中山先生之所以爲中國近世第一偉大人物者，端在此。中山先生之三民主義，其不能與美國林肯總統之「民有、民治、民享」並論者，亦在此。因林肯所言之三個「民」字，都指一國之人民言。中山先生之「三民」，乃指吾中華民族言。故民國以來七十年之國內相爭，北洋軍閥尚屬其次，而「新文化運動」之「打倒孔家店」、「非孔」、「非孝」、「全盤西化」，乃及馬、恩、列、史之共產主義，乃其主要。苟知有「民族」，則此下尚可有七百年、七千年、七萬年，炎黃以來之四、五千年尚不足論，何論此民國以來之短短七十年！

（一九八一年一月一日臺灣日報）

大陸往那裏去

一

當前的中國大陸該向那裏去？我想這一問題，不必由政治學家來回答，亦不用哲學家、思想家來作討論。依我個人看法，從前中國古人已說得很明白，而且這些話已成爲盡人可知的老生常談。惟其盡人可知，所以可信可靠。若定要由政治專家或大思想、大哲學家來提出他們的理想和主張，那便非盡人可知，可信可靠的程度也就會因而降低了。

國家前途要由全國民心之所歸依爲趨向，近代惟孫中山先生之三民主義能具備此條件。首先是「民族主義」。即國家前途應由其民族來自作決定。第二是「民權主義」。全國國民歸向那一條路，但不能由國民自己走上這條路，應由政府來領導、來輔助。所以中山先生說，「權」在民眾，「能」在政府。即是民眾有「權」來決定政府之「能」該向何處用。第三是「民生主義」。一民族有一民族之民生，中國人有中國人之民生，不是發財致富便即是民生。如中國人能和美國人一般的發財致富，但中國人並不情願過和美國人一般的生活，中國人自有中國人愛過的生活。這纔可稱之謂「民生主義」。

近一百年來，中國人走錯了一條路，便是只想學外國。有人說，人家拿機關鎗來對我們，我們亦拿機關鎗去對他們。這是說，學外國只爲抵擋外國，來保衛自己。但這條路終於走錯了。如言政治，先求學日本、德國，因他們都有皇室，我們便想學他們來保全我們自己的皇室。辛亥革命後，則改學英、法民主政治。到後來，則想學美國和蘇維埃。其實學民主，無疑的該是由中國民眾來主持中國政府，還是以中國人爲首要。中國人學了英、美，便可來抵抗英、美，並不是即以學習英、美爲最高、最後之目的。抵抗不過美國，便想學蘇維埃。其實這些全只是手段，其眞目的是爲要中國好。可惜這一百年來的中國人，連此一層也誤會了，便專想以學外國爲能，於是遂使一百年來之中國始終陷於阢隉不安中。

毛澤東初上臺，他那時亦何嘗不是得到中國民眾大多數之擁護？正爲中國大多數民眾不願走美國資本社會的路，所以改而信從毛澤東共產社會之號召。然而毛澤東卻不悟此中意義，誤認爲他提倡馬、恩、列、史是成功了，硬要把中國社會來分別出有產、無產之兩階級。其實比之美國，則當時的中國實算不上有資產階級。連擁護毛澤東的，像當時一輩大學教授和大學生，那裏便能算是資產階級？而毛澤東竟把他們同來清算鬭爭了。不能說他們是資產階級，卻說他們具有資產階級的「意識」。老子說：「民不畏死，奈何以死懼之？」

二

我前年在香港，曾訪問一紅衛兵。我曾親切問他：「你們當時如此般的作爲，在你們良心上，亦覺有不安否？」他答說：「我們亦未嘗不知我們的行爲是有些過分了，但我們愛國家、愛民族。當時我們認爲只有依照這一條路做去，對國家民族前途有福利，所以我們遂亦忍心爲之。事後我們知道是受了共產主義的錯誤領導，但已追悔無及。這並非我一人如此想，亦可說當時大部分紅衛兵事後亦無不如我般想。」

其實又何止那時的紅衛兵如此，即共產黨中的高級幹部亦何嘗不如此？所以毛澤東先清算了劉少奇，又清算了林彪，最後又該清算到周恩來。如此說來，即在共產黨的最高幹部中，信仰亦未能一致。連共產黨中的高級幹部也都如此，更何論一輩紅衛兵們呢？即如鄧小平，他豈不親身受過兩次、三次的清算，他今天又何曾再眞信仰從前那一套馬、恩、列、史、毛的主義和思想呢？最可詫怪的是，當前大陸乃爭和美國、英國及其他西歐各國號稱自由資本社會的國家建交了。不僅如此，還派出了大批留學生分往前述各國去留學，連鄧小平的兒子也去美國留學了。難道他們學得一切科技回來，還能爲此下大陸推行十全十美的理想的共產主義嗎？我想鄧小平諸人雖愚，也不會愚至於此。

而且更不僅然，今天大陸仍與共產祖國蘇維埃齟齬時生，不能和解；而且又和近鄰越南直接發生軍事衝突，至今還是在邊界上兩陣對立，紛爭不已。試問那裏有以共產主義立國的國家像當前大陸一般的呢？或謂當前大陸有意要學東歐的南斯拉夫。其實毛澤東絕不可能學狄托，因爲中國和南斯拉夫不同。中國已有四、五千年悠久的歷史傳統，全國民衆早有一種心理習慣，若不把蘇維埃強權高壓在上，中國人何能長期俯伏馬、恩、列、史之下？但馬、恩、列、史的威力一搖動，全國人心亦即搖動，如高山下石，不落到地不能停止，那能留在半路變出一狄托來呢？

其他東歐，如波蘭、東德、匈牙利諸國，若非一共產政府高壓在上，他們的民衆又何肯如此馴服？而此諸國的政府，若非有蘇維埃駐軍威脅，又何能如此般的高壓呢？如最近羅馬教宗若望六世往波蘭，波蘭民心之所趨嚮豈不亦顯而易見嗎？然則豈美、英、西歐自由資本社會的國家能誠心誠意來替當前的中國大陸建立一安穩而像樣的共產國家嗎？此恐即如鄧小平諸人，亦決不作如此想。

三

然則當前大陸前途究將何往？此事實甚簡單，一言以蔽之，民心之所向即是國家之前途。百年來亦惟中山先生一人可以維繫民心之所向。中國建國當由中國人建之，此即是「民族主義」。若以此意詢之大陸九億同胞，誰不承認比說？民眾有此意，政府當盡所能以求實現，這即是「民權主義」，又誰不承認？至於生活，中國人當有中國人自己的生活，不追隨美國人、蘇維埃人過生活，即是「民生主義」，又誰不承認？若舉此以質之鄧小平一輩人，詢之其良心，又誰不承認？

當前大陸人羣呼「生活學臺灣」，這話也有甚深的眞理。臺灣人亦是中國人，中國人的生活當學中國人中之生活較佳者，千萬不可學美國人，更不可學蘇維埃人。此百年來國事一大錯誤，便在專要學外國。

論語弟子問孔子以爲政，孔子曰：「足食，足兵，民信之矣。」問：「必不得已而去，三者何先？」孔子曰：「去兵。」又問：「再不得已而去，二者何先？」孔子曰：「去食。自古皆有死，民無信不立。」中國人惟當信中國人自己。儻中國人不能信自己中國人，則試問何以自立？國家不能自立，還有甚麼前途可談呢？我見大陸人來香港的極多，一言蔽之，皆不能立。貪吃懶做，不能自立，其病在無信心。近年來頗聞大陸人競學英文，似乎認爲中國前途不學蘇，便又須轉而學美。何況所欲學於美者，又僅是學一些科技。則中國前途眞將不堪設想。中國人還該轉回頭來學中國人，則當前大陸要學臺灣，還是一正途。

轉瞬十月將屆。果使天安門上不再見有馬、恩、列、史、毛之畫像，大陸政權能不再使用共產黨之口號，一切措施能眞心誠意由政治協商會議來作決定，行百里者始於腳下，一步走正，第二步可以繼續向前。孔子論爲政，不得已可去食；大陸當前之一窮二白，眞個去食了，卻得一悔悟。恢復自信，則要往那裏去，儘可往那裏去。中國只是中國人之中國，重建中國，首要在建立中國人之自信。當前鄧小平之輩，果能明得此義，則他們所叫呼的「中國和平統一」，亦可轉身而得，亦在他們之能有此一信心而已。儻他們無此信心，則國將不立，更有何可言？然而大陸前途終往那裏去，以上所述則終無可疑。

（一九八〇年九月一日香港中國人月刊二卷八期，以筆名隱言發表。）

論政治思想與文化傳統的關係

——答香港明報月刊問

問：海峽兩岸的執政黨各自標榜一套政治思想模式，大陸堅持馬、列、毛思想，臺灣則奉行三民主義。在這些思想模式的挑戰和衝擊之下，中國的文化傳統受到些什麼影響？

答：中國歷史上政治動亂大體不外三型。一是社會亂於下，而政治動於上；如秦、漢之際，新莽、東漢之際，隋、唐之際等，皆是。二是政治分裂於上，而社會亦隨而分裂於下；如漢末之三國，以及兩晉、南北朝，唐末之五代十國等，皆是。三是外族入主，政失於上，而社會傳統秩序則依然承襲不變；如元、清兩代皆是。

至論當前形勢，一主馬、列共產主義及毛澤東思想，一主孫中山先生之三民主義，是為兩種政治思想之衝突，在中國以往歷史上絕少往例可循。此為西化東漸後之新現象。既無前例，則後果亦難懸測。一國家、一民族，是否可對以往歷史一刀兩斷，另起頭緒，重創局面，此即在西方歷史上亦難找其例。即當前並世其他諸民族、諸國家，能盡破舊傳，特創新型者，亦尚少其例。惟國人則好學成性，不僅毛澤東以信奉馬、列自尊，即孫中山手創「民族、民權、民生」三民主義，而國人則必以美國林肯之「民有、民治、民享」相比附，乃始易於宣揚。崇洋蔑己，喜新尚變，已成國人心理之一共同歸趨。此誠不失爲中國當前至堪注意一問題。

問：中國的傳統文化中，有那些觀念對當前中國的問題會有所貢獻，值得傳揚？假如官方意識形態有所偏差時，這些傳統文化觀念又能不能產生匡正的作用？

答：中國傳統文化重「知」更重「行」。古人言：「知之匪艱，行之維艱。」王陽明言：「知行合一，不行只是不知。」中山先生則言：「知難行易。」其實三言同重「行」。一切學術思想必歸之於落實具體，躬行實踐。大家一般，只貴一「做人」道理。人則同是一人，做人道理應大體相同，無甚差異。又曰：「行遠必自邇，登高必自卑。」故修身、齊家、治國、平天下，其道乃一以貫之。故中國人只言「君道」、「臣道」、「政道」、「治道」，不言「君權」、「臣權」、「政權」、「治權」。君臣是人生五倫中之一倫，政治亦是人生中一道。未有爲君爲臣、從政從治，即可同時不是一「人」，可不遵守爲人之道。但近代國人則認爲中國自秦以下二千年，盡爲一「帝王專制」政治。爲君者則盡是專制皇帝，爲臣者則全是依違奉承，爲帝王所奴役。如是則兩千年來中國讀書人無不入仕，亦即無學術思想可言。近代政治全依西式，則試問中國傳統文化又從何處能對西方政治有所匡正？若果有之，則不輕殺人，應是其主要之第一端。孔子曰：「子爲政，焉用殺？」又曰：「足食，足兵，民信之矣。必不得已則去兵，再不得已則去食。自古皆有死，民無信不立。」當使社會在下者，能信其上不輕殺人，庶其主要之首端乎！

又近代國人於中國「人倫」一項，亦知提及。但同時必尊西方之「民主」與「科學」。民主政治必重法制，但中國傳統則重「禮」更過於重「法」。爲人之道必重禮，而守法則只其輕微之一端。禮不主殺，刑法則主殺。若論科學，西方科學則爲陸、海、空三軍殺人利器發源所在。西方國際迎送大典禮，必鳴禮炮，此即殺人利器。中國斷無此等禮。火藥發明自中國，但中國人以製爆竹，放煙花；造鎗造炮，則待西方。如近代之核子武器，各國競相製造，已如箭在弦上，一觸即發。不聞西方一大政治家可以不理會國防武裝。若中國永遠落後，自然談不到此。但中國一旦亦得躋於強國之林，試問何可不修國防？又何可無核子武裝？中國政治上亦講究國防，但終無此等殺人利器之發明。而中國亦已立國五千年，爲其他並世各國之冠。此乃中西文化相異一大問題，決非一些小小匡正可比。

問：學術與思想是相互影響的，倘若思想受官方訂定的模式限制，學術研究也難免走上支離瑣碎的途徑。爲了避免思想流於極端，海內外中國學人的學術研究應該採取什麼態度？

答：中西雙方文化不同，因此一切學術思想亦多不同。今日則一遵西方，中國舊有，全歸廢棄。如言文學，舊文學則稱之爲「死文學」，或稱之爲「封建文學」、「貴族文學」、「官僚文學」。惟模倣西方，始得爲新文學。舊文學既不提，因此亦復無中國文學思想可言。文學如此，史學亦然。中國一部二十五史，乃至三通、十通諸書，一言蔽之，曰「專制政治，封建社會」，八字道盡，更不再究，更何有所謂史學思想？今日國內一切學術思想已全屬西化，更無舊傳，惟中國舊有文字尚未廢止而已。

惟西方人貴「分」，宗教與政治分，學校亦尙與政治分。大學多屬私立，不受政府統治。今日中國則大學盡由官立，學術亦統於政治，「政統」已凌駕在「學統」之上。此爲中國有史五千年來所未有，亦西方所少見。此仍是一中西文化之體系問題。當知中國舊文化與西方不同，即與現代化不同。現代則求新求變。變向西方，則謂之「新」；仍屬自己一套，則謂之「舊」。新則無不是，舊則無可言。此乃國人現代心理之共同趨嚮。儻欲分別異同，孰爲中國舊有？孰爲現代新創？此非一言可盡。分別異同，再始有是非得失可加批評。此乃第二義，非第一義。今則第二義已先定，凡屬西方則屬新，全是；凡屬中國則全屬舊，盡非。故國家命運，民族前途，全在他人，不歸自己。如學美國，則美國將來之禍福，即是中國此下之禍福。如學蘇維埃，則蘇維埃將來之禍福，亦即中國此下之禍福。如此一意模倣，在自己內部尙可得一日之苟安；儻爲學美、蘇而先在自己內部起爭，則當前已不安，此下更難論。

若問海內外中國學人的學術研究應該採取什麼態度？則淺薄如鄙人，自願先從第一義再及第二義。先別異同，再加批評。

問：香港是國際性都會，中西文化交匯之地，香港的知識分子一方面接受外來文化，另一方面應該如何承傳及發揚中國文化？

答：中、英鴉片戰爭，中國割讓香港，又賠款，並開五口通商，事在前清道光年間，迄今已一百四十年。今不論一百四十年前事，專論一百四十年來事。不論中國，單論英國。當時全世界太陽光所照，幾無一處不見有英國之國旗。大英帝國如日中天。但迄今則帝國已瓦解，英國殖民地至今惟聞有三處：一爲地中海西角之直布羅陀，英國與西班牙已相爭有年。一則即中國之香港，最近大陸與英國亦啟爭端。三則南美洲之福克蘭羣島，去年英國與阿根廷引起大戰，至今此羣島主權誰屬，仍成問題。近代國人力言求變求新，即此一百四十年中之英國，其變其新，豈不顯然？

當前的香港人，自認在英國統治下，受英國文化陶冶，既已歷一百四十年之久，則其無逃於變，無逃於新，亦可知。不能既主求變求新，又怕有變有新，則一部西洋史，希臘、羅馬中古時期，以及現代國家興起而至今日，豈不時時在變，時時在新？只有中國好舊、好常，不好變、不好新，五千年來依然一中國。今日國人則厭此慕彼，則香港之變，宜亦無多憂恐。縱其憂恐，又何以防止其變？

依照當前香港人心理，人人自知他自己乃一中國人；此是五千年心理舊習，一時自難驟改。但又人人願且延長些時間，仍受英國之殖民統治；此乃當前利害所關，情亦可恕。若照中國人五千年來舊傳統，則曰「自求多福」。自己的一分福，貴能自己求。但各求己福，而相爭不已，則禍亦隨之。故中國人之求自己福，則不僅求之身，亦求之家，求之國，更進而求之天下。大羣得福，己福亦自在內。又曰：「天作孽，猶可違；自作孽，不可活。」蒙古、滿洲侵入中國，中國尚可有前途。中國人自己要馬列主義，要共產化，自己要跟着別人腳步走，此之謂「自作孽」。若謂跟蘇維埃腳步走要不得，跟英國人腳步走便要得，則不知此下十四年，乃至四十年，英國腳步究如何走？要之，付我命運於我不知之他人，恐終非多福之道。

香港的有錢人肯不專爲一己一家打算，肯花些少財力，亦爲五百萬香港人打算；同時五百萬香港人亦肯不專爲一己一身打算，能同時兼爲香港五百萬人打算；則此一心之轉移，所謂「港人治港」，亦宜可有一條路在前。走一步，是一步。百年大計，即在此一步開始。此是中國人道理。若必詳言之，則五千年中國文化，又豈一語可盡？我只想說，每一人須先認識自己，並從自己努力起腳開步。若定要別人擺定一局面，來讓我走，則恐無如此般稱心如意之事。我所欲言，暫止於此。談得下，再可談。談不下，則多談何益？還是留待各人自發罷！

（一九八三年五月香港明報月刊十八卷五期。本文係由該刊提問，由作者筆答。）

丙寅新春看時局

——答聯合月刊問

一

你所提的問題，牽涉太廣。你要我寫一篇文章，千頭萬緒，不知從那裏寫起，還是隨意談談的好。

我可以說，我一輩子寫書、寫文章，大體內容，主要不外乎三項原則：一是文化傳統；二是國民性，亦即是民族性；三是歷史實證。中國的文化傳統，中國的民族性，可以拿中國歷史來看，歷史就是一最好證明。

中國歷史五千年，早已完成了一個和平的統一的民族國家，日廣日大，全世界沒有第二個國家有此成績。我平生所講各方面的問題，都是注重在這一點上。這亦即是我上述的撰文內容。

前幾天，我內人爲我唸了漢學研究通訊上一篇學人專訪。那是一位大學教授訪問法國女漢學家巴斯蒂教授的記錄。巴斯蒂女士特別舉出一點，她說，中國國家的完整以及持久的統一性，特別吸引她。這一點很令我欣賞。巴斯蒂女士也提到中、法兩國文化傳統、政治環境完全不同。換言之，亦即是中西的不同，即是中國與歐洲的不同。法國只能在歐洲中建立一個國家，決不能把歐洲統一起來建成爲一法國。法國人從無此想法，歐洲其他國家亦無此想法，這就是歐洲人的文化傳統使然。從希臘開始，就是這樣。整個歐洲沒有完成過一個國家。他們的國家發展，便會趨向於他們所謂的「帝國」。帝國是由這個國家征服另一國家，纔稱帝國。中國則從來沒有走向「帝國主義」的路線，從不以侵略國外爲務。歷史上朝代的更迭，這是國內政府改組，不能說這是中國人征服中國人。我們今天如果隨便稱「秦帝國」、「漢帝國」，這是不通的。中國從來不是帝國主義。

孟子說：「天下定於一。孰能一之？不嗜殺人者能一之。」這是中國人觀念。西方人沒有「天下定於一」的觀念。倘使說他們最近亦有此觀念，他們似乎認爲能多殺人纔能一天下。所以形成了今天這樣的局面，美、蘇爭霸，核武競爭，星際爭霸，世界永無安寧。這顯見中國、西方雙方文化觀念大不同。西方人根本沒有中國所謂的「和平」觀。今天講來，中國人這個傳統文化中的和平觀，成爲不合時宜，所以今天的中國人常要自稱是落後的國家、落後的民族。西方人所沒有的，我們都不看重了，早沒有了民族的自尊心、自信心。

至於西方人能不能統一全世界？能不能領導世界臻於和平？這是將來世界一個大問題。對日抗戰時，我在成都，當時昆明西南聯大諸教授出一雜誌名戰國策。他們認爲當前的世界，等於中國古代的戰國時期；中國下面有秦國統一天下，他們以爲大戰後，世界亦會統一，非美即蘇，如秦或齊。我當時說，當前大戰和戰國時代不相同。我對當時的二次世界大戰特地替它題了一個名稱，稱它爲「解放的戰爭」。我認爲二次大戰後，歐洲少數強國不可能再統治其他弱小，世界上各弱小民族都能從帝國統治下逐漸站起來。今天的聯合國，已有了一百五十以上的會員國，這不是證明我的話了嗎？然而世界雖解放了，但不幸解放得不够。或者可說，不幸這個世界不能解放，因爲被解放的國家民族，都盡量羨慕西方人，因此解放後的世界，國內、國際問題變得更多、更複雜，亦更難解決了。

我平常講話分兩方面：一是原則方面，一是具體方面。我說二次大戰以後，世界應趨向解放，這是原則問題。今天如印度等世界各民族都被解放了，事變日增，這是具體問題。今年世界局勢的發展，這亦是一個具體問題。今天世界情勢的發展，並不合乎原則，這又是一具體問題。所謂合乎原則，應有一人類共同和平相處的大道理可資依循；而當前具體的演變，則常被許多現實的利害因素所牽扯，變得違離原則，不可盡知。

比較上說，中國傳統是看重原則性的，西方傳統是看重具體性的。所以中國人講歷史，注意遠古以往的既成經驗，以古鑒今，大體是可信、可預知的。西方人不重過去的歷史，看重眼前與將來，更具體，反不易知。如當前之美、蘇爭霸，中東糾紛，又誰能確知其具體的變化呢？但就中國人觀點言，則可確知，核子武器恐怖手段，可以毀滅全世界全人類，但決不能主宰全世界，統一全世界。換言之，依照西方傳統，個人主義、唯物史觀、經濟政策、黷武方略，決不會給人類帶來和平，帶來幸福。這是絕對可信可預知的。

二

你問我看今年國運如何？這又是一個具體問題，難以盡知。我還是從原則方面來談，比較確切些。

從原則方面看，臺灣將來的情勢發展應該分兩方面說：一方面是對內求安定，一方面是對外求生存。今天臺灣許多學者專家，以及政府要員們，太偏重在科技與經濟兩項上。就當前具體的現實言，提高科技水準，追求經濟繁榮，自然有它的貢獻。我是講原則的，我講將來亦喜歡根據歷史經驗，所以我認爲只重科技與經濟，絕對解決不了此下臺灣的困難。因爲科技與經濟兩項，這是新事項、新手段，意義、價値都有限，不是完全能依照我們的想望，日日有進步，年年可成長。而且它受許多外在因素的影響，隨時可有變，不是我們能把握得住的。我認爲國家內部的安定與否，主要條件，完全在社會人心。

歸根結柢一句話，一個民族、一個國家的前途，主要依賴在全民合理想、合原則的自尊自信上。

除此之外，別無他途。至於如何培養人民合理想、合原則的自尊自信，這就牽涉到整個國家的教育問題上去。關於這一方面，不是簡單幾句話能說得盡。但我可以簡單指出一點，我認爲今天臺灣整個教育的發展，已遠遠違離了中國傳統文化精神。教育不重教人如何做人，如何與人相處，而只看重發展個人的知識技能。今天我們的教育，或可培養出有各種技能的人，而培養不出眞正愛國家、愛民族，在家能爲賢子弟，出到社會能爲一奉公守法的好國民。這是一危險的現象，政府不能不及早注意。教育問題說來話長，我暫不在此多談。

講到對外求生存，我們今天對外的主要對象就是在對付大陸中共。我認爲此下的中國，只有全中國和平統一始是個大前途、大希望。說是臺灣獨立，或大陸與中華民國永遠對立，這在原則上講，是非理想且不可能的。但我所說的和平統一，並不是就當前現實的政治情勢謀求妥協而言。

我是研究歷史的，我更看重歷史的傳統文化精神。我所說的「和平統一」，是根據我一生鑽研歷史，對傳統文化精神的瞭解言；這是我們的民族性。將來的中國，不論由誰一政府來領導，我認爲如果此一政府違背了歷史傳統文化的民族性，恐怕都難以成功。這是個原則，應是可信又可預知的。

今天在臺灣，一提到「和平統一」四字，就易招人誤解，認爲你不是爲中共作宣傳，就是被中共統戰去了。大家口口聲聲說「三民主義統一中國」，而沒有把三民主義統一中國的詳細內容、具體方案舉出來。我認爲中國五千年來傳統相承所建立的和平統一的民族國家，這是人類所稀有一傑出偉大的貢獻。辛亥革命建號中華民國，是主張自此以後，君主政府將不再出現，故稱「民國」。在這一國號之下，宜可有相異的政權出現。換言之，在同一國號之下，可有不相同的政權。但不宜因政權不相同，即輕改國號。毛澤東政權第一大錯誤，就在他輕改了國號，把一國輕改成兩國。一切大錯誤主要都由此引起，毛澤東自己生前亦知道，亦說過。

今問「中華人民共和國」就名詞上論，與中華民國又有何大不同之處？而且此下的新中國，從歷史論，究應從中華民國開始，還是從中華人民共和國開始？即此下新中國的創始人，究當屬孫中山？抑屬毛澤東？世事雖亂，人心大同，這一問題可不辯而自定。毛澤東輕改國號，主要原因，乃在從此以下，中國不由中國人自己領導，需改由非中國人如馬、恩、列、史來領導。爲甚麼中國不許中國人自作領導，必該由非中國人來作領導呢？這更是毛澤東政權的更大錯誤。

就中國五千年傳統相承言，將來的中國，仍須爲一和平統一的民族國家，仍須由中國人自己來作領導主持纔是。這一轉變的開始，首先需要兩項先決條件。一是廢止「中華人民共和國」國號，不許再存在，而改回中華民國國號；如此則臺灣與大陸一切不同的政治意見，都在同一國家之內，即「中華民國」之內，儘可從長商議。這是同一國家內部的政治問題，不是兩國之間的外交問題。爲求達到此目的，則首先須要將馬、恩、列、史的地位與口號，徹底在大陸清除。這兩點先做到，纔能成爲和平統一商談的開始。倘使仍是兩個國，仍是中國事須由非中國人來作領導，則和平統一的商談將根本無下手處。

以上的主張，似乎是站在中華民國政府的立場而言。但如不明白提出此兩主張來答覆大陸所提和平商談之建議，則似乎大陸和臺灣乃毫無商談的可能。這恐怕亦容易引起誤解，認爲中國前途和平統一乃一無可能之事。此則大違離了中國傳統文化之理想與原則，似非正道，爲智者所不爲。

當前的大陸，仍是陷溺於無情無理中，而不能自振拔。但這是眼前具體事狀。就中國民族文化前途之大原則、大理想而論，則大陸與臺灣終必統一，更應是一和平的統一。不能專就眼前事狀，而抹殺其大理想、大原則之所在。這是我民族、我國人當前最當努力注意一問題。

所以如何來領導和平統一的商談，終不失爲積極的一面。拒絕和談，恐終是消極的一面。主要在領導如何談，不在談不談。儻領導談而招對方拒絕，這不是失敗，而是其事尚在曲折進行中；與拒不相談、一若絕無其事大不同。

由馬、恩、列、史非中國人來在政治上層作領導，這是道地的中國人，眞正的中國人，絕不能承認的。而「中華人民共和國」的國號，則實由這些人來作決定。所以我們必須首先要求在大陸取消「中華人民共和國」國號，此一決定實際上是符合大陸人心的。如果大陸政府不同意，則我們自可拒絕和談。但亦應明白告訴國人，使大陸國人明白我們這番心意，讓他們自作對國家民族前途之抉擇。

具體事狀不可忽，但大理想、大原則更爲提綱挈領之所在，更不當忽。我們的主要大前提，該是國家民族的出路，並不是黨與黨的爭衡，政府與政府的爭權。

三

你問我大陸近幾年來，在思想原則上已大崩潰了，爲甚麼它的政權還能存在？這又是一具體問題。不過這個問題卻很容易瞭解。大陸人民普遍的窮，恐怕是中國有史以來從未有過的。歷史上的任何亂世，人民總還有隱藏處。但在中共控制下，兩、三千萬共產黨員的監視，連個躲藏處都找不到，又怎能希望短期內從大陸內部起來反共呢？照原則說，共產黨早應垮了；它當前雖尚未全垮，但可確知終會整個垮掉。中國人只該走中國自己的路線，任何一條外國路線，無論是蘇維埃的共產主義，甚至如美國的資本主義，由中國人走來，總是遲早會死路一條，斷無前途。近百年來中國人走錯了路，便是只想學外國。學外國本是一種手段，其眞目的是爲要中國好。可惜的是近百年的中國人已忘其目的，便專想以學外國爲能，遂使中國始終陷於阢隉不安中。毛澤東恐怕是中國有史以來，第一個學外國最極端、最徹底而來統治中國的政治人物。他的終必失敗，亦早可預知。

今天的鄧小平，把大陸開放了，大量的派出留學生到歐、美去學科技，又大力提倡經濟改革，曾使國內外許多人對他寄予厚望。而我認爲只重科技與經濟，國家絕不會有前途。臺灣如此，大陸亦然。尤其是大陸，在幾十年閉關自守，老百姓一窮二白之後，突然大開放，變得太快、太多，問題亦會更大、更多。亦可以說，今天的大陸，科技知識愈高，經濟愈開放，國內的不安不定亦會相對的增加，共產政權的崩潰亦愈快；這是絕對可知可信的。主要關鍵全在人心。豈有一國國民對自己本國的歷史傳統、文化傳統一無尊敬、無信心，專從外國人意見，而此一國家能有前途的？

你如要問，儻若國共和談後，此下中國將如何發展？具體的我無法說，這有待全體國人的努力。至於就原理、原則來說，我認爲全國人民心所歸向，即是國家前途所在。近代惟孫中山先生之三民主義，能具備此條件。此下無論中國如何發展，孫中山先生之三民主義必將依然長存。這因中山先生的三民主義乃爲創造民國而創建，並非爲結黨專政而提出此主張。此下的政治領導者，誰能反對以中國人來領導中國？誰能不依據「民族、民權、民生」三原則而維持此中國？

中山先生曾說：「國民黨是一革命黨。」此因在三民主義未被全國人民遵守奉行前，信仰三民主義的人，只有起來革命；這就是中山先生所謂「先知先覺」、「後知後覺」的少數份子。於是而有「軍政、訓政、憲政」三階段之經過。但到憲政實施後，則革命已經完成，此下的中國應是三民主義的新中國，中國人全爲三民主義的信徒，而信奉三民主義的國民黨之革命運動已成過去。在此三民主義普遍奉行之下，儘可因具體事狀不同，而分黨相爭；亦可有爭而無黨。細讀三民主義，對於政黨一項，中山先生並未重視。三民主義乃是建國綱領，而非組黨張本。所以臺灣與大陸和平統一之商談，儘可仍各有黨，但均不得違反三民主義。當前如此，此下永久將然。所以可以說「三民主義統一中國」。這並不是說國民黨一黨專政，這是當前國人尤其應當辨明的。

以上約略說了幾句話，是否有當，還請指正。

（一九八六年三月聯合月刊，是年三月十、十一日聯合報轉載。）

三民主義統一中國之我見

一

今天上午我與內人正在家裏討論中國未來統一的問題，適中央日報來電話要我爲「知識分子的沈思」一專欄寫一短文。我正在思及三民主義將來如何統一中國，乃姑拈此題來應中央日報的請求。

我認爲中山先生提出此「三民主義」一語，涵義廣大，本不專偏在政治上。故今來討論三民主義如何統一中國，亦可有種種說法；政治問題只是其中的一項，而且亦非最佔主要的一項，尚有其他重要勝過政治部門，應多方考慮。

目前在臺灣政府如何來統一中國，固亦是此問題一答案。但當民國初年，南北抗兵相爭，政府與袁世凱議和，孫中山先生由此辭職，讓大總統之位由袁世凱來接任，宣統則因此下臺，滿清政府亦由結束；這不是「三民主義統一中國」七十多年以前一具體的實例嗎？至少可說「三民主義統一中國」

即由此前進了一步。這是一件人人俱知的近代史，大可深思，以作當前的參考。

孫中山先生由此退居上海，經歷多年，三民主義之具體方案即在此時期中完成。乃又奮身南赴廣東，另建國民黨一革命陣營。但中山先生又親去北京，立意與當時軍閥張作霖、段祺瑞等謀和，不幸病臥醫院中，竟致不起。儻孫先生此行不病不死，究不知將如何與張、段諸人具體言和？但就一般人觀點，張、段諸人決不會放棄他們當時擁有的軍權。和談結果，怕又如往日和袁世凱議和般，中山先生亦惟有走上退讓的一步。

在中山先生心中，可說中國是必當由三民主義來統一的，但不當由軍事力量來實現此統一。所以一國內戰，決非中山先生所主張，故不惜在政治權位上退讓來謀求和平。這正和三民主義的首先第一部民族主義，傳統歷史中的至端要道，不憑戰爭來謀求和平為政治步驟一切前進之大道，這一傳統相和協。以中山先生親身歷史為憑，豈不顯然有證！

二

我常說民國建立，乃孫中山、蔣介石兩先生之共同偉業。若以易經乾卦「元亨利貞」四字來講，孫先生首當為先之「元亨」二字，而蔣先生則繼承其下面的「利貞」二字。民國創建，孫先生居此四字之前半，蔣先生則居此四字之後半。開國事業，經兩人之合作而完成。但苟非先有「元亨」之創造，又何來而有「利貞」之繼承？故孫先生之功，實尚遠在蔣先生之上，應奉爲中華民國之創始人。此必爲後來治民國史者所共認，無可違異。

儻以民國初年史來爲現代一參考，則臺灣之與大陸，豈不又略如當年南京之與北方？儻臺灣降志言和，豈不亦如孫先生之當年，不只無退步，甚至亦無進步可言。此待今日爲政者之善自處理，非必定是一成規可資拘守。

要之，中國傳統文化喜把一事之兩端並言，如「盛衰」、「興亡」，乃至「得失」、「成敗」之類，每一事當「執其兩端，用其中於民」。所謂「中」，正必從這一事之兩端内見。儻僅拘守一端，一味求進，一味求得，或許反而會走上對面一端去。此決非中國文化傳統「執兩用中」之大道，亦決無當於孫中山先生已往之先例。此層正貴主其事者之内忖於一心，而非拘拘於字面之解釋者所能瞭解。

且所謂「三民主義統一中國」，可從上層政治言，亦可從下層社會言。果使當前臺灣與大陸交往，兩處居民各得自由交流通商，臺方斷居勝利進取之一面，大陸斷居委屈退讓之一面，此層盡人可知。然則臺灣與大陸交往，商業經濟決佔前進一端。儻再數十年，大陸全部經濟民生亦隨之移步改觀，豈不即呈現中國全國一大進步？民族、民權、民生三方面，全由民衆操掌，所謂失敗究在何處？此層豈不大可欣慰！

三

中國人論政，只言「道」，不言「權」。論語：「齊一變，至於魯；魯一變，至於道。」此亦顯言道不言權。中山先生之三民主義又曾主張應有「訓政時期」，此尤爲當前一意醉心於西方個人主義之所謂「民主政治」者所當深思。中國人貴言「化」，政治、教育一當化之以道。我民族古聖人之教，必旁通於當前之政事。政治、教育兩者相輔相成，此尤爲中國文化傳統精神深心大義之所在。如政教分離，各行其是，互不相顧，則人各有權，羣相對立，又何來有安和樂利之社會可期？證之今日之現況，可以心明其境矣。

要之，中山先生之所謂「訓政」，必以中國傳統文化之精要爲依歸，此則可斷然言之。將來中國統一，十二億之民衆，不先有某種程度之教化，而貿然推行西方所謂民主自由之選舉，國家之爲禍爲福，亦可不待言而知。故當知未來中國的統一，文化事業必猶重於政治；此則爲關切國家未來前途命運之有心人所當特加用心之所在。

今再以一語言之，縱使無當前之臺灣，而此下之大陸，則終必爲當奉行孫先生三民主義之大陸。這是我的信仰。此因三民主義乃由中華民族文化傳統精神之甚深淵源來，非由抄襲西方來。只要民族常存，孫先生之三民主義亦必常存。此當爲千古如一與天地並存之傳統民意之所寄，豈臨時機會，多數舉手作異端表決之所能比！非深明民族傳統文化大義，又何足以知此！

（一九八八年六月臺北動象月刊十八期）

#《錢穆先生全集》總書目

甲編

國學概論
四書釋義
論語文解
論語新解
孔子與論語
孔子傳
先秦諸子繫年
墨子　惠施公孫龍
莊子纂箋
莊老通辨
兩漢經學今古文平議
宋明理學概述
宋代理學三書隨劄
陽明學述要
朱子新學案（全五册）
中國近三百年學術史（一、二）
中國學術思想史論叢（全十册）
中國思想史
中國思想通俗講話
學籥
中國學術通義
現代中國學術論衡

乙編

周公
秦漢史
國史大綱（上、下）
中國文化史導論

中國歷史精神
國史新論
中國歷代政治得失
中國歷史研究法
中國史學發微
讀史隨劄
中國史學名著
史記地名考（上、下）
古史地理論叢

丙編

文化學大義
民族與文化
中華文化十二講
中國文化精神
湖上閒思錄
人生十論
政學私言
從中國歷史來看中國民族性及中國文化
文化與教育
歷史與文化論叢
世界局勢與中國文化
中國文化叢談
中國文學論叢
理學六家詩鈔
靈魂與心
雙溪獨語
晚學盲言（上、下）
新亞遺鐸
八十憶雙親師友雜憶合刊
講堂遺錄（一、二）
素書樓餘瀋
總目